COM NARCISISTA NÃO SE NEGOCIA

VIEIRA JUNIOR

NARCISISTA SE ABANDONA

COM
NARCISISTA
NÃO SE
NEGOCIA

VIEIRA
JUNIOR

NARCISISTA SE ABANDONA

LETRAMENTO

Copyright © 2024 by Editora Letramento
Copyright © 2024 by Vieira Junior

Diretor Editorial Gustavo Abreu
Diretor Administrativo Júnior Gaudereto
Diretor Financeiro Cláudio Macedo
Logística Daniel Abreu e Vinícius Santiago
Comunicação e Marketing Carol Pires
Assistente Editorial Matteos Moreno e Maria Eduarda Paixão
Designer Editorial Gustavo Zeferino e Luís Otávio Ferreira

Todos os direitos reservados. Não é permitida a reprodução desta obra sem aprovação do Grupo Editorial Letramento.

Dados Internacionais de Catalogação na Publicação (CIP)
Bibliotecária Juliana da Silva Mauro – CRB6/3684

V658c	Vieira Junior
	Com narcisista não se negocia : narcisista se abandona / Vieira Junior. - Belo Horizonte : Letramento, 2024.
	198 p. ; 23 cm.
	ISBN 978-65-5932-498-9
	1. Narcisismo. 2. Narcisista. 3. Relacionamento tóxico. 4. Relacionamento abusivo. I. Título.
	CDU: 616.89-008.442.6
	CDD: 616.8585

Índices para catálogo sistemático:
1. Narcisismo 616.89-008.442.6
2. Narcisismo 616.8585

LETRAMENTO EDITORA E LIVRARIA
Caixa Postal 3242 – CEP 30.130-972
r. José Maria Rosemburg, n. 75, b. Ouro Preto
CEP 31.340-080 – Belo Horizonte / MG
Telefone 31 3327-5771

O demônio está ao seu lado. Confira um passo a passo para você abandonar o narcisista em 30 dias

Vieira Junior

AGRADECIMENTOS

A Deus, por ter me escolhido, guardado e guiado desde o ventre.

À minha mãe, por cuidar, zelar e ser mãe e pai; meu pilar em todos os momentos da vida.

Aos meus amigos, os melhores que alguém pode ter!

"O SENHOR tira a vida e dá a vida, faz descer à sepultura e de lá faz subir. O SENHOR empobrece alguns e enriquece outros, humilha e também exalta. Levanta o pobre do pó e do monte de cinzas tira o necessitado. Coloca-os entre príncipes e os faz sentar em lugares de honra. Ao SENHOR pertencem os alicerces da terra, e sobre eles firmou o mundo."

1Samuel 2:6-8

DEPOIMENTOS

UMA EXPERIÊNCIA SINGULAR

O livro que você acaba de abrir é um convite para pessoas que desejam através de uma leitura leve, cativante e muito audaciosa, conhecer, aprofundar e atualizar o seu saber sobre o tema que envolve o narcisismo.

O autor traz em uma abordagem da sua própria história, mostrando o vivenciar daquilo que podemos chamar de uma "dança do viver e aprender a viver". Com elementos e acontecimentos de sua própria vida, o autor acessa todos os seus fantasmas nas experiências por ele vivenciadas, o que o impulsionou a saber mais e mais sobre o tema.

Vieira Junior destaca a natureza complexa e intrigante do narcisismo como um traço de personalidade, falando das características principais, como o padrão persistente de grandiosidade, a necessidade de admiração e a falta de empatia.

Ele menciona também como o narcisismo afeta as interações humanas, os relacionamentos e a sociedade em geral. Além disso, ele aborda brevemente numa linguagem que interage com todos, sejam profissionais da área da saúde mental, sejam leitores curiosos pelo tema, a viajar por uma breve história do estudo do narcisismo e sua relevância contemporânea, assim como da importância de compreender esse fenômeno para o bem-estar individual e coletivo. Tudo isso é feito dentro da dinâmica da sua história e sob o viés psicanalítico, que conferem à obra características ímpares e peculiares.

Posso afirmar que essa leitura irá surpreender cada leitor, pelo riquíssimo conteúdo técnico, parafraseado assemelhando-se à dinâmica viva desse autor, um ser humano dedicado e intenso, que vive a vida e as experiências com pessoas, de maneira ousada e singular.

Ehnm, José Manoel Vieira Júnior é contagiante, empolgante e único e eleva a mim e aos leitores a experiências também singulares, como ele. Que se abram as portas para o show!

EVELYN MATTOS – *Psicanalista, Neuropsicóloga, Grafóloga e Grafoterapeuta*

UM VERDADEIRO PRESENTE

Vieira Júnior dispensa qualquer comentário a respeito de sua garra e de seu envolvimento e comprometimento com a psicanálise, que tem sua devida importância na vida de todo e qualquer ser humano.

Conheci este menino-homem como aluno de psicanálise, depois como grafólogo, e, com muito trabalho, fizemos diversas supervisões e estudos. Assim pude compreender o seu interesse pelo assunto que envolve o narcisismo. Registro aqui o quanto vi e vejo sua busca incessante no conteúdo daquilo que acredita e defende.

Este homem-menino tem a sua própria história de vida como fonte de ensinamento e aprendizado, que vai servir para qualquer ser humano tirar muito conteúdo para sua própria vida.

Se ele fosse dar ouvidos aos ventos contrários que sopram sobre sua existência, não seria mais que um ser humano medíocre.

Sim, a mediocridade social em que o autor estava inserido era uma grande propagandista ao nada, mas Vieira Junior quis mais!

E ele realmente construiu este "mais"; construiu uma carreira brilhante perscrutando os caminhos da psicanálise e de seu criador, Sigmund Freud.

Ele trabalha o narcisismo com afinco, pesquisando e dissecando cada caso, cada olhar, cada interpretação de pessoas que sofrem na própria pele.

Trabalha com afinco as pessoas que convivem com os narcísicos e o quanto sofrem por terem um filho, um pai, uma esposa, um marido, uma irmã ou mesmo um líder religioso que dita normas, como se fosse Deus. Participei como testemunha auditiva de seus conflitos em busca da compreensão do outro para melhor ajudar, pois Vieira Júnior sempre buscou tornar o outro, o inconsciente, consciente.

Seus traumas internos relevantes puderam esclarecer, ajudar e permitir que muitos de seus pacientes pudessem melhorar seus caminhos e compreender ou, melhor, aceitar o limite do outro.

Este menino homem de quem falo é sério naquilo que faz, naquilo que busca e naquilo que defende.

Hoje tenho orgulho de ter um "pupilo" meu lançando seu primeiro livro e oxalá seja o primeiro livro de uma série!

Quero deixar registrado o orgulho de ter sido seu mestre e supervisor, e ainda a gratidão de Deus por hoje ser seu amigo.

CARLOS ROBERTO MUSSATO – *Psicanalista Clínico e Didata, Grafólogo, Diretor do Instituto de Desenvolvimento Humano Carlos Roberto Mussato e Presidente da Sociedade Brasileira de Psicanálise Moderna*

MAIS QUE UM PROFISSIONAL

Ao longo da minha trajetória, conheci muitas pessoas e entrevistei muita gente. Aqui na Sicoob Cocre, onde estou desde 2018, não foi diferente. Estávamos à procura de alguém para escrever as atas do Conselho de Administração, e a Ellen da Agência de Rio das Pedras me indicou o Vieira Junior, que se mostrou um profissional promissor desde o primeiro encontro.

Contratei-o sem hesitação, e logo suas habilidades se destacaram na criação de atas de qualidade e no desenvolvimento das áreas de comunicação, marketing e sustentabilidade. Sua iniciativa trouxe visibilidade à empresa, tanto na mídia quanto em projetos sociais, como a Vila Cocre, que trouxe luz e alegria à comunidade pós-pandemia.

Sou grato pela oportunidade de tê-lo em nossa equipe, pois sua contribuição foi fundamental para meu crescimento pessoal e profissional, inclusive na escrita e publicação do meu livro "O Mundo Trata Melhor os Campeões".

Nossas conversas sempre foram enriquecedoras, e seu comprometimento com a sociedade e o cooperativismo são admiráveis.

Vieira Junior é uma fonte de inspiração, sempre disponível para ajudar e orientar. Ele é um exemplo de dedicação, criatividade e trabalho em equipe. Seu livro certamente será uma fonte de inspiração para muitos, assim como ele é para mim.

Em suma, encontrei em Vieira Junior não apenas um colega, mas um grande amigo e uma pessoa maravilhosa, e serei eternamente grato por tê-lo encontrado.

NIVALDO CAMILLO - *CEO da Sicoob Cocre*

SUMÁRIO

19 INTRODUÇÃO

**21 *CAPÍTULO 1.*
A MINHA HISTÓRIA COM O NARCISISMO**

21 *POR QUE CONTAR A MINHA HISTÓRIA?*

25 *O NARCISISTA DENTRO DE CASA*

30 *SALVO PELA ÉTICA DE UM TRABALHO FEITO COM AMOR*

32 *GRAVIDEZ CONTURBADA*

35 *O MILAGRE DA VIDA: UM NASCIMENTO CHEIO DE LUZ*

37 *OS PRIMEIROS IMPACTOS DA CONVIVÊNCIA COM UM PAI NARCISISTA*

39 *CRESCENDO EM UM PESADELO*

46 *DEUS, MUDE A MINHA HISTÓRIA!*

49 *MEU PEDIDO FOI ATENDIDO: DEUS TIRA DE MIM O POUCO QUE EU TINHA*

53 *A VIDA SEM MEU PAI*

56 *A MULHER QUE DEU A VIDA PARA QUE EU ME TORNASSE UM HOMEM DE VALOR!*

58 *MAIS UMA VEZ, A MORTE NO MEU CAMINHO*

66 *DEUS TINHA UM PROPÓSITO PARA A MINHA VIDA*

72 *TUDO TEM UM PREÇO*

74 *LIDANDO COM A DEPENDÊNCIA EMOCIONAL*

79 *UMA EMPRESA, UM LÍDER E UM PROPÓSITO! COMO
MEU TRABALHO ME TRANSFORMOU*

81	*EXPERIÊNCIAS VIVIDAS EM RELACIONAMENTOS AMOROSOS*
93	*OUTRAS EXPERIÊNCIAS TRAUMÁTICAS*
106	*O INÍCIO DE UMA NOVA VIDA PRÓSPERA*
111	*QUANDO DEUS ABENÇOA, NINGUÉM AMALDIÇOA!*

113 — *CAPÍTULO 2.* POR DENTRO DA MENTE NARCISISTA

113	*DOENÇAS MENTAIS: COMO SE FORMAM E QUAIS OS IMPACTOS*
116	*ID, EGO E SUPEREGO: AS TEORIAS DE FREUD*
121	*O QUE É O TRANSTORNO DE PERSONALIDADE NARCISISTA*
123	*COMO O NARCISISTA COSTUMA AGIR*

127 — *CAPÍTULO 3.* O NARCISISMO NA SOCIEDADE

127	*O RELACIONAMENTO AMOROSO COM NARCISISTAS*
132	*O VÍCIO E A DESCARGA DE DOPAMINA EM UM RELACIONAMENTO COM NARCISISTA*
135	*O NARCISISTA NA TERAPIA*
138	*AFINAL, COMO CURAR UM NARCISISTA?*

CAPÍTULO 4.
COMO IDENTIFICAR UM NARCISISTA

AS PRINCIPAIS CARACTERÍSTICAS DOS NARCISISTAS

O BENEFÍCIO DO NARCISISTA. EXISTE ALGUM?

EXERCÍCIO: TESTE DE RELACIONAMENTO NARCISISTA

CAPÍTULO 5.
A VÍTIMA PERFEITA DO NARCISISTA

PRINCIPAIS CARACTERÍSTICAS DA VÍTIMA

COMO SE FORMA A IDENTIDADE DA VÍTIMA DE UM NARCISISTA

O PROCESSO DE MUDANÇA

CAPÍTULO 6.
ABANDONANDO DE UMA VEZ POR TODAS O NARCISISTA

BÔNUS: DICAS PARA PASSAR POR ESSE MOMENTO:

CAPÍTULO 7.
A VIDA APÓS O NARCISISMO

COMO NÃO VOLTAR A UMA RELAÇÃO NARCISISTA

CAPÍTULO 8.
AS TERAPIAS COMO REFORÇO AO EGOÍSMO E AO NARCISISMO HUMANO: UMA CRÍTICA À PSICANÁLISE E ÀS TERAPIAS MODERNAS

INTRODUÇÃO

O narcisista é uma ferramenta do Satanás para desviar a glória de Deus da sua vida.

Se essa primeira frase não te agrada, insisto para que você nem inicie sua leitura, afinal, esta obra pretende abrir seus olhos para muita coisa, antes de iniciar sua jornada de abandono ao narcisista.

O que você pode esperar encontrar aqui, leitor, é um passo a passo para se libertar das garras do narcisista, que, sim, é uma ferramenta de Satanás, queira você acreditar ou não.

Fique tranquilo, você vai entender o porquê disso ao longo de sua leitura, e terminar esse livro concordando comigo (ou não).

Você vai perceber, ainda, ao longo de sua leitura, que você também tem parcela de culpa por estar nos braços de um narcisista. Mas já quero que saiba desde a introdução deste livro, que eu estou aqui para ajudar. Sim, eu vou ajudá-lo, leitor, a desenvolver outros comportamentos que te farão sair dos braços do narcisista.

Mesmo sem te conhecer, eu te acolho com muito carinho, porque eu já estive na posição de vítima.

O que registrei nesta obra é fruto da teoria que aprendi com meus estudos e minha prática clínica, mas também é resultado da minha própria vivência ao lado deste demônio chamado narcisista.

Sim, eu já convivi com ele, tanto na versão de homem como de mulher, e o venci!

Eu consegui, leitor. Consegui abandonar narcisistas que passaram pela minha vida, e por isso te digo com muita tranquilidade que, se você seguir o passo a passo que eu te trago aqui, você também conseguirá.

Eu quero te ajudar, leitor. Você merece ser feliz e viver as glórias que o Senhor tem reservado para você, e para conseguir isso, você precisa tomar uma decisão.

Este livro é resultado do *"esforça-te e tem bom ânimo"*, dito repetidas vezes por Deus na Bíblia. Ele é resultado das mãos de Deus, do seu amor e da sua misericórdia infindável para comigo. Ele olhou pra mim e disse *"filho, esforça-te. Eu escondi os tesouros aos sábios e entendidos, e revelei a você, um dos meus pequeninos. Agora vai, e espalhe isso pelo mundo"*.

O que eu fiz? Respondi em alto e bom som: eis-me aqui, faça de mim o que o Senhor quiser.

Espero que sua leitura seja transformadora. Juntos, e ao lado de Deus, transformaremos feridas em glórias, e testemunhos para salvar vidas!

Embarque comigo nesta jornada!

CAPÍTULO 1.

A MINHA HISTÓRIA COM O NARCISISMO

POR QUE CONTAR A MINHA HISTÓRIA?

Não, não foi uma decisão fácil. Escrever sobre a minha própria experiência traumática foi uma decisão difícil de ser tomada, mas necessária.

Quando eu decidi escrever este livro, tive muita dúvida se eu contaria ou não a minha relação pessoal com o narcisismo. Eu sei que muita gente me vê nas redes sociais com segurança e propriedade para falar do tema, mas tenho plena certeza que quase ninguém (ou realmente ninguém) sabe que, para além do profissional, psicanalista, grafólogo, especialista em pessoas, líder e jornalista, que pesquisa e estuda muito sobre narcisismo, eu também vivi isso na pele.

Pelo fato de eu atender muita gente, e hoje eu posso dizer que 100% dos meus pacientes têm problemas com pessoas narcisistas, eu possuo muito conhecimento teórico e científico, sobretudo das pesquisas e estudos que faço, além de claro, da prática clínica com os meus pacientes, tenho total segurança em falar de narcisismo sem citar experiências vividas por mim.

Não seria necessário contar se tive alguma experiência com narcisismo, porque tudo que eu tenho já me traz gabarito suficiente para falar do tema.

"Ah, mas então porque você decidiu contar sua história já que não precisa? Será que você falar sobre isso não vai abrir ainda mais sua ferida?". Aí é que está: não vai! Ao contrário disso.

Hoje eu entendo que a ferida só é curada quando serve para salvar outras vidas. Aliás, feridas não existem, nós vivemos experiências de dor para que Deus manifeste o seu poder e a sua glória para salvar mais vidas. E eu aceito isso! Se você também aceitar, nunca mais irá doer.

Dois pontos me fizeram refletir muito e tomar a decisão de contar minha história. O primeiro deles foi a somatória dos relatos das pessoas que me acompanham, que dizem que eu falo com o coração e com a alma. E sim, eu falo mesmo! Falo com o coração e com a alma, porque foi onde senti as dores que os narcisistas me causaram um dia. Falo com o coração e com a alma, porque eu vivi essa experiência.

Eu tenho meu conhecimento teórico, mas também tenho o conhecimento prático. Aliás, esse conhecimento prático é muito intenso, porque eu não me relacionei apenas com um narcisista: foram vários, em várias esferas da minha vida, e ao longo de muito tempo.

Quando eu paro para refletir e fazer uma linha do tempo da minha vida, vejo que desde a minha infância eu tive contato com pessoas narcisistas. Para ser mais exato, desde o meu nascimento eu convivi com pessoas narcisistas, e é por isso que eu falo com tanta propriedade, e com tanto "coração e alma".

Ao ter contato com o conteúdo teórico, quando comecei a estudar, tive logo uma identificação com tudo aquilo, e foi isso que me fez começar a falar com tanto sentimento. E é isso que faz com que as pessoas se identifiquem comigo. Inclusive você, que está lendo esse livro! Admita que você decidiu comprar esse livro justamente por se identificar com o tema! Você provavelmente tem uma ferida aberta por um narcisista. Mas calma, eu vou te ajudar!

Eu decidi contar minha história porque, se eu disser hoje que eu só tenho conhecimento teórico e científico, eu estaria mentindo. E nada mais narcisista do que mentir! Eu jamais mentiria para você, leitor. E não permita que ninguém minta. Pode ter certeza que se você convive com algum mentiroso, essa pessoa muito provavelmente é narcisista, e você precisa abandoná-la.

Meu principal objetivo com este livro é fazer com que você perceba que qualquer pessoa pode cair nas mãos de um narcisista, inclusive o psicanalista que você tanto admira. Mas, ao mesmo tempo, todos podem (e devem) abandonar um narcisista.

Se eu tanto prego e reforço que com narcisista não se negocia, narcisista se abandona, é porque eu já negociei por muito tempo, e não deu certo. Por isso eu decidi abandonar, e digo que é possível abandonar! Eu abandonei. As pessoas que eu atendo abandonaram. As pessoas que fizeram meu curso abandonaram, e você também vai abandonar!

Você vai abandonar os narcisistas que te machucam porque ninguém nasceu para ter uma vida de miséria. Ninguém nasceu para ter uma vida controlada, ou uma vida em que você se sinta pouco ou suficiente. Ninguém nasceu para ter uma vida depressiva. E é nessa vida que a gente mergulha, sem querer, ao conviver com narcisistas.

Somos todos filhos de Deus; filhos do Rei. E se somos filhos do Rei, também somos donos do reino e merecedores de toda a fartura, prosperidade e coisas boas que a vida tem para oferecer. Não podemos ficar presos a traumas de infância, ou presos a um narcisista que tanto humilha, agride e se aproveita de uma fraqueza, de traumas emocionais e falhas na nossa identidade.

Então, se minha história, somada ao conhecimento teórico e científico que eu tenho, puder te ajudar, eu quero e vou contar a minha história! Toda história que eu vivi e as lutas que passei não foram por acaso: foram instrumentos de Deus em minha vida. Instrumentos que Deus usou para que eu pudesse ajudar você.

Este é o segundo ponto determinante que me motivou a contar minha história: entender que Deus usa as nossas feridas para curar feridas de outras pessoas. A minha ferida com o narcisismo só vai ter sentido e ser plenamente curada quando ela for usada para curar outras feridas. Talvez, a sua.

Eu espero, do fundo do meu coração, que a ferida que um dia um narcisista abriu na minha vida, seja usada, em nome do Senhor Jesus, para curar a ferida aberta pelo demônio chamado narcisista que está na vida das pessoas que lerem esse livro também.

Posso te dizer, amigo leitor, que as nossas feridas só fazem sentido e podem ser consideradas curadas quando elas são transformadas em ferramentas para curar outras feridas.

O filósofo alemão Arthur Schopenhauer dizia que *"a melhor coisa que existe para o ser humano é a angústia"*. Ele foi um filósofo considerado pessimista, mas trouxe reflexões importantes sobre o assunto, dizendo que a angústia e a dor são forças que movimentam o homem para melhor.

Nós podemos olhar a angústia como uma força depressiva, que coloca a gente no chão e nos abate, ou então podemos olhar a angústia como uma força que nos incomoda. E se nos incomoda, precisamos nos movimentar para sair daquela situação. A angústia deve nos movimentar e nos impulsionar, afinal, ela é um sinal de que o lugar em que estamos não está sendo bom.

Quando Jesus passou pela terra, Ele disse *"neste mundo vocês terão muitas aflições".* Não tem como viver plenamente em paz nesse mundo. Há uma sentença que o próprio Deus disse que teríamos. Isso dialoga com a angústia de Schopenhauer. E o próprio Jesus completa *"mas tenham um bom ânimo, porque eu venci o mundo, e vocês vão vencer também".* O que Jesus quer dizer é para que você pegue sua angústia e a transforme em glória; em bênção para a vida das pessoas. Que você terá angústia é algo certo, determinado por Deus neste mundo. Agora, outra determinação é que você vai vencer essa angústia. E é aí que muita gente para e erra. Viva a primeira determinação, mas não abra mão de viver a segunda.

Lembre-se de que a sua angústia só não vai se tornar depressão se você visualizar significado e propósito nela. Se você não vê significado em sua ferida, você vai se fazer de vítima e achar que Deus e todo o universo se voltou contra você. Isso não vai te levar para lugar nenhum e ainda vai te fazer vítima de um narcisista. Mas se você olhar para a sua angústia com um olhar espiritual, e entender que ela serve a um propósito maior, que é o propósito do Reino de Deus, eu tenho certeza de que você vai se levantar, se esforçar, juntar a energia e vai curar a ferida de outras pessoas através da sua ferida!

Isso é extremamente poderoso. Se todos conseguissem olhar a vida desta forma, teríamos menos gente depressiva e ansiosa. Os sofrimentos fazem parte da vida de todo ser humano e eles devem ser usados para transformar outras vidas. Esse foi outro ponto determinante para eu contar minha história com o narcisismo. Já tive relacionamento narcisista na minha família, na escola, na igreja, com amigos, no trabalho, em todos os ambientes sociais, inclusive, no amor.

O que me fez vencer os narcisistas foram duas coisas: primeiro, transformar angústia e dor em glória, para que pudesse curar outras vidas. Segundo, saber que Deus sempre tem o melhor para nós, e que viver sob o jugo de alguém que humilha, que xinga, que trai e manipula, não faz parte do plano de Deus para o ser humano.

Deus nos fez imagem e semelhança Dele, e toda vez que aceitamos ficar no jugo de alguém que acaba com a gente, estamos acabando com a imagem e semelhança do próprio Deus.

Isso tudo que eu contei até agora fez com que eu tivesse força para transformar minha dor em conhecimento, para não desistir. Li a Bíblia inteira mais de três vezes (e ainda a leio todos os dias); fui estudar psicanálise, grafologia, filosofia, sociologia, doenças mentais, transtornos de personalidade, e muitas outras áreas de conhecimento, justamente porque eu queria (e quero) transformar a minha dor em sabedoria, para cuidar de outras feridas.

É esse o motivo pelo qual eu vou contar minha história.

O NARCISISTA DENTRO DE CASA

A minha história com o narcisismo começou dentro de casa e desde a minha concepção, já que a primeira pessoa com quem eu tive contato e que era narcisista foi meu próprio pai.

Apesar da pouca convivência e da impossibilidade em dizer se ele era realmente apenas narcisista, ou se tinha outros transtornos, como borderline, transtorno bipolar, ou mesmo esquizofrenia, a certeza que eu tenho através das histórias contadas, e mesmo com algumas poucas lembranças que tenho de quando eu era criança, é que mesmo dentro de todo esse possível contexto de outros problemas, meu pai tinha sim atitudes narcisistas.

Aliás, já que falei de outros transtornos, vou trazer um dado teórico para você: muita gente me pergunta se a pessoa que tem transtorno narcisista também pode ter outros transtornos, como esses que eu citei, por exemplo. E a resposta é sim! Aliás, a chance de que ela tenha outros transtornos é muito grande, porque a pessoa que tem apenas um pode acarretar outros.

Bem, mas se o meu pai teve outros transtornos ou não, essa é uma resposta que eu nunca terei. O que eu tenho é a certeza do impacto das atitudes dele sobre mim, que foi imenso. E para que não fiquemos somente na reflexão do que o meu pai fez, vou contar algumas histórias! Afinal, se você se interessou por esse livro e está lendo ele, é porque você certamente está com problemas com algum narcisista, e quem sabe as nossas histórias sejam parecidas, não é mesmo?!

Para começar, é importante dizer que meu pai conheceu minha mãe quando ela tinha uma vida muito sofrida. Guarde essa informação, porque ela vai ser importante para entender muita coisa.

Já que falei da minha mãe, vou começar contando um pouco da história dela, porque é importante que você, leitor, entenda a origem de tudo que aconteceu comigo. E se eu vim de um pai e de uma mãe, você precisa conhecer o contexto deles também.

Minha mãe, cristã e evangélica da Congregação Cristã no Brasil, veio de uma família tradicional, e, na metade do século passado, vivia no sítio, com a família tomada por costumes religiosos rígidos. Assim, ela foi criada dentro de uma doutrina que a proibia de fazer tudo. Naquela época, quem conhece um pouco do contexto histórico sabe que as meninas não podiam nem escolher seus namorados.

Dentro daquela realidade, minha mãe se apaixonou por um rapaz que participava de outra religião, diferente daquela praticada por ela e sua família. Os pais dela, então, foram contra aquele relacionamento. Minha mãe, que morava no interior do Paraná, decidiu fazer o que muitas meninas por volta dos anos 80 faziam: fugir com o namorado. Você deve conhecer alguma história igual a essa, não?

Se você analisar a história do Brasil, mais ou menos em meados dos anos 80, muita gente fazia isso, sobretudo meninas na faixa de 18 e 19 anos, que eram criadas rigidamente dentro de doutrinas que proibiam muitas coisas.

Voltando para a minha mãe, ela então pegou suas coisas e fugiu com o namorado para São Paulo, esperando viver aquele amor.

Chegando lá, começou a vender enxoval e, junto com o "amor da sua vida", começou a sustentar aquela vida tão sonhada. Mas, como nem tudo são flores, aconteceu o que geralmente acontece em novelas e filmes (mas no caso da minha mãe, aconteceu de verdade): ela descobriu que estava grávida!

Calma, eu ainda não entrei na história. Ela engravidou de sua primeira filha, minha irmã, Helen, simplesmente a loirinha mais linda que já vi em toda a minha vida. Mas, quando o namorado soube, fez algo que, infelizmente, não é incomum: ele fugiu sem assumir a paternidade. Minha mãe se viu sozinha, em uma cidade diferente, longe da família, e sem o amor de sua vida (que prometeu que jamais a abandonaria. Pois é!).

O que você acha que aconteceu depois disso? Bem, como era de se imaginar, ela quis voltar para a família, mas como as coisas lá eram muito rígidas por conta da religião, os pais dela, meus avós, não a aceitaram.

Meu caro leitor, eu sei que essa história parece um drama de um livro de romance, no qual no final tudo dá certo e todos vivem felizes para sempre. Bom, tudo realmente deu certo, até porque, se não tivesse dado, você certamente não estaria lendo este livro escrito por mim, filho dessa mulher que tanto sofreu em sua juventude. Mas, antes de dar tudo certo, tudo deu muito errado, inclusive a presença de um narcisista que fez o "inferno na Terra" na vida da minha mãe. Então, siga firme com a leitura destes relatos, porque eles são importantes para sua total compreensão do impacto do narcisismo na minha e na sua vida.

Voltando para a minha mãe, que havia acabado de descobrir a gravidez e tinha sido abandonada pelo pai da criança... Eis que uma mulher conhecida cedeu um espaço em sua casa para que minha mãe morasse, e junto com a moradia, concedeu trabalho e alimentação.

"Que bom coração teve essa moça", você deve estar pensando, não é?! Mas nem tudo é o que parece... Minha mãe, morando de favor na casa dessa mulher, passou por muitos abusos. Ela conta a história de sua estadia lá com muita alegria, saudade e gratidão, porque, de fato, aquela mulher foi importante e ajudou a minha mãe quando ela estava sem teto. Mas será que foi bem assim mesmo?

Eu quero que você, meu querido leitor, preste muita atenção ao longo deste relato, para interpretar se realmente essa história que minha mãe conta é mesmo de ajuda e compaixão. Quero que você tire suas próprias conclusões.

Eu cresci achando que aquela mulher tinha um coração bondoso e ajudou minha mãe com carinho e amor, porque essa era a história que a minha mãe contava! Mas agora eu consigo enxergar além dos relatos dela, e quero que você julgue com seu próprio entendimento se essa relação era realmente de uma ajuda sincera.

De certa forma, minha mãe tinha motivos reais para agradecer: ela ganhou um "teto"; um lugar para dormir. E o que ela precisava fazer em troca? Precisava trabalhar e vender o enxoval dessa mulher.

Naquela época, era "febre" vender enxoval, que basicamente se trata de um conjunto (ou como dizemos hoje, de um kit) de artigos para casa. Era essa a contrapartida para ganhar um local para morar. Então, ela colocava esses enxovais dentro de um fusca, e saía para vender pelas ruas da periferia de São Paulo. É claro que tinha uma comissão combinada, mas a realidade é que essa comissão nunca chegava, de fato. E, se chegava, era menor do que o combinado. Estranho, não é? Pois eu te digo, leitor, preste atenção no desenrolar desta história que ainda tem muita coisa para acontecer, e você vai tirar suas conclusões sobre a "ajuda amiga" dessa mulher.

Você pode me perguntar: a comissão não vinha, mas ao menos sua mãe recebia alguma coisa? A resposta é não. Ela não tinha férias, salário, benefícios, e nada do que um trabalhador tem por direito. Ela trabalhava, literalmente, em troca de casa, água e comida. Ao chegar em casa, no final do dia, ela ainda precisava fazer comida, limpar a casa e manter tudo em ordem.

Acordava sempre cedo para iniciar as vendas e ia dormir de madrugada para fazer os serviços de casa. Ainda assim, passando por essa situação, ela ainda via tudo aquilo como um "milagre de Deus", que, na cabeça dela, havia colocado aquela pessoa maravilhosa no caminho dela para ajudá-la.

Vou pular para a parte em que a minha irmã nasceu, e as duas seguiram morando naquela casa por mais alguns anos. Elas não tinham quarto, dormiam em um colchão no meio da sala. Não tinham guarda roupas, deixavam as roupas em caixas, empilhadas no meio das coisas. Elas tinham que dormir e acordar quando todos os outros integrantes queriam. Minha mãe era responsável por cuidar e limpar a casa e ainda vendia os enxovais.

Ou seja, era literalmente uma vida de exploração, e eu arrisco a dizer até mesmo que era algo semelhante à escravidão! Sem salários, benefícios, registro, carga horária, descanso, férias, décimo terceiro... Ainda assim, minha mãe via tudo aquilo como "benção de Deus".

E você, o que acha? Eram atitudes narcisistas, ou realmente era bênção de Deus? Ao final desse livro você terá condição de julgar melhor.

Quando minha irmã estava com cerca de 5 anos, minha mãe, ainda vendendo enxoval pela periferia de São Paulo, acabou conhecendo um homem bonito, charmoso, boa pinta e solteiro. Comerciante, por volta de 35 anos, galanteador, romântico, e que, ao conhecer minha mãe, se apaixonou por ela.

Esse homem era meu pai: José Manoel Vieira, ou Balé, como era conhecido.

Meu pai se apresentou pra minha mãe como grande "salvador". Quando ele ouviu as histórias e visualizou tudo o que minha mãe passava na casa daquela mulher, ele disse para ela sair de lá, porque ela estava sendo explorada e roubada. Meu pai disse que ia cuidar dela e da minha irmã, e, com uma promessa dessas, não se pode perder a oportunidade: minha mãe pegou as coisas e a minha irmã, e foi morar com aquele homem, que viria a ser meu pai.

Você deve estar se perguntando quando é que eu entro na história, e eu te digo para ter ainda mais um pouco de paciência, porque essa parte da vida da minha mãe significa muito: é o momento em que meu pai começa a se revelar o narcisista que ele era, com as suas atitudes.

No começo era tudo incrível e maravilhoso; ele presenteava minha mãe com flores, chocolates e muitos presentes. Isso tudo durou alguns meses, até minha mãe ficar completamente dominada por ele e, mais uma vez, se tornar vítima do narcisismo.

Depois de um tempo juntos, começaram os xingamentos, abusos e torturas psicológicas. Meu pai dizia que ela não tinha nada dentro daquela casa e que ela não prestava nem mesmo para ajudá-lo. O grande problema é que ele, como bom narcisista, alternava seu comportamento: um dia xingava e abusava, e no outro, dizia que amava, dava presentes e agradava. E é nesse jogo de "morde e assopra" que o narcisista começa a trabalhar.

Nessa difícil caminhada, minha mãe começou a prosperar. Ela começou a usar a habilidade que adquiriu vendendo os enxovais a seu favor e continuou trabalhando. O fato é que agora que ela não era roubada pela mulher que não pagava suas comissões, ela conseguiu juntar o seu próprio dinheiro.

Ela comprou um carro, fez seu estoque de produtos e começou a ter certa liberdade financeira que a fazia bem. Como bom narcisista que era, meu pai passou a ver essa ascensão de minha mãe com maus olhos. Ele começou a se incomodar com o crescimento dela e as brigas aumentaram, porque o narcisista é, por essência, invejoso.

No meio disso tudo, minha mãe resolveu dar um passo importante para se libertar do narcisista: pegou suas coisas e foi embora de São Paulo para a cidade de Americana, no interior do estado.

Mas ela não escolheu essa cidade por acaso: meus avós e toda família tinham "quebrado a cara" no interior do Paraná. Eles eram produtores de café, e por conta de uma geada que teve por lá, perderam toda sua produção. Toda família, então, se mudou para Americana no final dos anos 80, e finalmente minha mãe voltou a morar com eles.

Aqui um dado histórico para você, meu leitor (até porque eu não quero deixar minha formação e experiência em jornalismo de lado nesse livro, e por isso vou colocar dados e informações aqui): a cidade de Americana, no final dos anos 80, era muito conhecida pelo quesito trabalho e prosperidade. Era a "máquina têxtil"; a "princesa tecelã".

O município tinha muitas fábricas, que pagavam seus funcionários com bons salários e que fazia com que qualquer operador e funcionário de chão de fábrica tivesse chance de enriquecer. Era uma cidade modelo, que puxava o desenvolvimento da região metropolitana de

Campinas. Americana se destacava como uma das melhores cidades do Brasil para se trabalhar e viver.

E foi para lá que os meus avós foram para morar de aluguel, em um único cômodo, sem carro, em 10 pessoas, sem fogão e em uma situação de extrema pobreza. Minha mãe, sabendo de tudo isso, e sofrendo com o meu pai, resolveu ir para Americana com eles, para ajudá-los e, claro, fugir do narcisista.

Ela começou a ajudar a família, ensinando-os a vender enxoval. Foi a partir dali que toda família começou a trabalhar com vendas. E mesmo a família tendo a rejeitado (quando ela quis voltar para a casa grávida da minha irmã, lembra?) ela preferiu "dar a outra face", ajudando todos a ter uma vida digna.

Perceba que minha mãe, nessa história toda, sempre teve o perfil mais desejado pelos narcisistas: o perfil "cordeirinho". Minha mãe sempre pagou o mal com o bem, e isso não é errado! Muito pelo contrário, fazer o bem é uma virtude que todos devem buscar. Mas é importante saber que os narcisistas procuram exatamente esse perfil.

E a minha mãe foi vítima disso diversas vezes, justamente por isso.

SALVO PELA ÉTICA DE UM TRABALHO FEITO COM AMOR

Chegou o meu momento! Para você que estava curioso para a minha entrada nessa história, a hora é agora. Já aviso que, para alguns, o meu relato pode ser emocionante, em certo nível. Eu me emociono todas as vezes, não tem como fugir!

Minha mãe, então, começa a ajudar a família em Americana, e eles começam a crescer. Meu pai, sabendo da situação, saiu de São Paulo e foi atrás da minha mãe, como um bom narcisista, dizendo que a amava, que não podia viver sem a sua presença e todo aquele drama (que é muito convincente, por sinal) dizendo que queria voltar. A própria mãe do meu pai, minha avó, foi à procura de minha mãe, porque segundo ela, o meu pai estava a ponto de colocar um revólver na cabeça e tirar a própria vida, tamanha tristeza que sentia longe dela.

E você acha que minha mãe deu mais uma chance para ele?

Se você acha que sim, acertou. Lá vai ela, dar uma chance ao narcisista! Mas ela colocou uma condição para que eles voltassem a viver juntos: morar em Americana, perto de sua família. Meu pai aceitou, alugou uma casa e ainda abrigou meus avós e outros parentes. Mais uma vez, ele era o "salvador".

É claro que você já sabe o que voltou a acontecer, porque você já entendeu o mecanismo de um narcisista, não é mesmo?! Pouco tempo depois ele voltou com os xingamentos, humilhações e brigas, é claro. Já era de se esperar que isso aconteceria.

A família da minha mãe já logo percebeu que ali não era lugar para eles, e que aquele homem precisava ser afastado. Mas o "morde e assopra", típico dos narcisistas, era frequente.

Até que um grande milagre aconteceu (e é nessa parte que eu sempre me emociono). Quando minha mãe estava em São Paulo, ela conta que praticamente todos os meses, ela ia até uma farmácia para tomar uma injeção que induzia a menstruação, afinal, ela dizia que sempre atrasava a data certa de menstruar. Nessa farmácia, bastava a aplicação da injeção, que pronto: a menstruação vinha com sucesso.

Acontece que quando ela foi buscar essa mesma injeção em sua nova cidade, o farmacêutico falou que não era possível aplicar aquele medicamento, porque era algo abortivo. Ele disse, ainda, que se a menstruação dela estava atrasada, existiam grandes chances de ela estar grávida.

O farmacêutico, então, se negou a praticar o procedimento e ainda encaminhou minha mãe para o hospital, onde os testes realizados comprovaram que ela realmente estava grávida. Sim, grávida. Eu estava sendo gerado!

Eu me emociono ao pensar nesse farmacêutico e o quanto a sua ética profissional, por não querer fazer o errado, salvou a minha vida. Sempre digo que fui salvo por aquele homem. Fui salvo pela ética!

Se um dia esse farmacêutico ler esse livro, quero dizer o meu muito obrigado a ele! Seu amor pelo trabalho e pelo certo, salvou minha vida. Se você está lendo este livro, meu amigo, é porque aquele farmacêutico fez o seu trabalho com ética.

Caro farmacêutico que eu não conheço nem ao menos sei o nome: você foi instrumento de Deus na minha vida. Glória a Deus pelo seu trabalho e pela sua vida. Obrigado!

GRAVIDEZ CONTURBADA

Descobrir que está gerando uma vida, sem dúvidas, é algo feliz, afinal, não é só ditado popular a frase que diz que "filhos são bênçãos": realmente, cada criatura é filha de Deus e, por isso, sim, os filhos são bênçãos. Isso está na Bíblia: os filhos são heranças e parte do plano de Deus para o homem.

Mas, apesar de saber tudo isso e desejar do mais profundo de seu coração estar feliz com essa benção que ela estava gerando em seu ventre, a minha mãe não conseguiu se sentir assim, principalmente por conta do narcisista que acabava com a sua vida. Sim, estou falando do meu pai.

Ao descobrir a gravidez, minha mãe ficou muito preocupada, afinal, ela não tinha um relacionamento de paz, um relacionamento tranquilo, e ela sabia que teria que lidar com isso, tendo um filho com um homem que ela nem sabia se realmente queria manter proximidade.

Então, ela fez o que restava para ser feito: orou a Deus. Foi quando ela decidiu ir conversar com a mãe do meu pai, que, ao saber da notícia, alertou para a minha mãe torcer para que a criança fosse um menino e que, caso contrário, meu pai poderia até mesmo abandoná-la, já que ele só aceitaria um filho se fosse um menino.

Este é mais um momento em que podemos observar um comportamento extremamente narcisista, no qual só importava o sonho e a vontade do meu pai em ter um filho homem, independentemente da minha mãe ou daquela criança que estava sendo gerada (e que até então, não se sabia se era menina ou menino).

Diante de toda a situação, minha mãe começou a viver dias obscuros e teve uma gravidez completamente conturbada, estressante e apreensiva. Esses sentimentos todos ela carregou antes mesmo de contar ao meu pai sobre a gestação, porque ao contar, as coisas pioraram. Ele reproduziu a fala de minha avó, dizendo que se a criança fosse um menino, ele assumiria; mas caso contrário, ele "não queria nem saber", e iria embora.

A partir dali, foram dias ainda mais turbulentos, como um verdadeiro inferno na Terra. A aflição de saber se era um menino ou uma menina, e, mesmo após o nascimento, de pensar se ele cumpriria a palavra e assumiria a criança, mesmo sendo um menino. Pior: como seria criar um filho ao lado de um homem volátil, mentalmente perturbado, viciado em álcool, narcisista e cheio de abusos?

Coloque-se no lugar da minha mãe e, principalmente, no meu. Sim, quando somos gerados, já sentimos e registramos em nosso inconsciente todas essas informações. Guarde essa informação, pois você verá como essa sensação de rejeição, desamor e amor condicionado a algo, fez parte da minha vida e afetou todo o meu comportamento.

Quando meus pais começaram a se relacionar, minha mãe tinha uma vida minimamente digna, com carro, trabalho e até mesmo uma pequena poupança que juntou com o pouco dinheiro. Lembre-se, ela não tinha uma vida boa, mas mesmo assim ela conseguiu juntar algo. Esse "algo", tão pequeno, foi usurpado, roubado pelo meu pai. Porque o narcisista não tem inveja de algo bom, ele tem inveja de tudo aquilo que ele não tem. Depois que passou a viver com o meu pai, ela perdeu tudo: ele vendeu o carro dela, tirou-a do trabalho e ainda gastou toda a poupança, com a desculpa de que ela estaria "devendo" a ele. Pura mentira.

Minha mãe sempre ouvia: você não tem nada aqui, deve pagar para morar, comer e beber. Se não quiser, pode ir embora com essa criança.

Estou te contando esse cenário, amigo leitor, para que você imagine a vulnerabilidade que envolveu a minha mãe e a mim também. Retorço: todas essas informações ficaram gravadas no meu inconsciente, que foi me ensinando que o amor deve ser através de humilhação, mendicância, rebaixamento do próprio ego e muito trabalho para merecer o mínimo. Naquele momento, minha mãe ficou indefesa, sem saber a maneira com que sua vida ficaria nos próximos dias, meses e até anos. Ao cair nos braços de um narcisista, essa crise de identidade acaba invadindo até mesmo as mentes mais fortes. Tudo isso passa para a criança sendo gerada.

Assim o tempo foi passando, ao mesmo tempo em que a barriga dela ia crescendo, com o seu filho se desenvolvendo ali dentro. Meu pai, que era da religião da Umbanda, fez um pacto com os seus guias (como são chamadas as entidades da religião), da qual fez a promessa de que se aquela criança fosse um menino, ele ficaria sem cortar o cabelo e nem fazer a barba por determinado tempo, além de não cortar o cabelo da criança até os quatro anos de idade. Além disso, meu pai prometeu que até os 7 anos da criança, caso fosse um menino, ele daria uma festa de aniversário em comemoração à vida dele. Até oferecimento do primeiro pedaço de bolo meu pai prometeu: disse que iria oferecer o primeiro pedaço para o guia do qual ele confiava e fazia a promessa, e ainda daria doces e balas para todas as crianças do bairro.

Se você acha que já é loucura suficiente tomar tantas decisões no lugar de uma pessoa (não cortar o cabelo, fazer a festa de aniversário, escolher o primeiro pedaço de bolo...), eu te digo que não para por aí: meu pai prometeu também que, se realmente tivesse um filho menino, quando este se tornasse um homem adulto, ele trabalharia cuidando do seu bar. Aliás, ele deveria trabalhar no bar já a partir dos sete anos de idade.

Você consegue perceber, meu amigo, minha amiga? Todas essas atitudes e decisões do meu pai, antes mesmo de eu nascer, são extremamente narcisistas. Ele quis escolher por mim, em praticamente todos os aspetos da minha vida. Tudo de acordo com a vontade dele, independente do que eu quisesse. Religião, profissão, estética, modo de vida... É isso que o narcisista faz, ele decide e comanda a sua vida, em todos os campos, até você não ter mais identidade. Ele não quer um relacionamento, ele busca um escravo.

Neste cenário conturbado, os meses foram passando e, apesar das dores de cabeça e gravidez turbulenta da minha mãe, o meu pai não estava nem aí. Exigia que ela mantivesse a casa limpa e organizada, e ainda a fazia trabalhar no seu bar. Minha mãe não parava nem por um instante, sempre trabalhando em função dele. E o que ela recebia em troca? Recebia mau humor, falta de respeito e ainda tinha que ouvir que nada do que eles tinham dentro de casa pertencia a ela. Ou seja, caso ela resolvesse ir embora, ela não teria nada para levar junto dela. Aqui, eu dou um conselho a você que possivelmente está nessa situação. Busque ajuda jurídica. Tudo isso estaria resolvido se minha mãe tivesse procurado um advogado. Ninguém pode nem deve ser tão abusivo. A lei brasileira protege e muito os nossos direitos, só não os conhecemos para exigir. Denuncie!

Para você ter uma noção, meu pai afrontava até mesmo a sexualidade da minha mãe, insinuando que ela era lésbica. Isso sem falar na história do "merecimento", quando ele dizia que ela não merecia o homem "incrível" que ele era. Já imaginou viver tudo isso, grávida? Não foi um período fácil, mas de muita dor, sofrimento e lágrimas. Estaria tudo aquilo perto do fim? Infelizmente, não! Ainda ficaria pior, antes de melhorar.

O MILAGRE DA VIDA: UM NASCIMENTO CHEIO DE LUZ

O dia era 24 de julho de 1988. As contrações começaram, e minha mãe foi para o hospital dar à luz a uma criatura que ela ainda não sabia se seria motivo de mais aflição ou de certo alívio (ou seja, se seria menina ou menino). O meu pai não quis fazer nenhum ultrassom, sexagem ou qualquer outro meio de descobrir o sexo da criança: ele queria que fosse surpresa! Mas, apesar de esperar se surpreender, ele dizia com muita certeza que os seus guias já lhe tinham contado que seria um menino, e isso o deixava tranquilo.

Ao chegar no hospital - e minha mãe revive esse momento com grande emoção - ela estava tomada por medo e aflição. O médico que fez meu parto, percebendo essa agonia e esses sentimentos turbulentos, pegou nas mãos dela e disse, com toda a calma do mundo: *"fique tranquila, porque em nome do Senhor Jesus, dará tudo certo!"*. Foi ali, que mais uma vez, o Senhor Jesus agiu em minha vida.

Mais uma vez, posso dizer com todas as letras que Deus usou de pessoas que eu nunca conheci - e certamente não conhecerei - para tomar conta de mim. Meu amigo, minha amiga, o Senhor Jesus esteve presente ali, no meu nascimento, ao lado da minha mãe junto comigo! O milagre da vida é assim. Se meu pai me prometeu ao saber da gravidez, posso dizer que Deus me amou antes mesmo de ser gerado e foi ele quem me recepcionou ao chegar nesse mundo. Sim, o médico era um cristão da Congregação Cristã no Brasil, saudou a minha mãe com "a paz de Deus" - saudação típica da CCB - e ainda orou por pelo meu nascimento. Satanás perdia uma de suas primeiras batalhas com relação à minha vida. Obrigado, meu bom Deus!

Tomada por uma tranquilidade que até então não existia, minha mãe me deu à luz. Conta ela que teve um parto tranquilo e que eu nasci sem chorar. Ela, imediatamente, ficou preocupada com isso, mas após o médico dar os "dois tapinhas no bumbum", ela então escutou um choro mais grosso, que significava uma coisa: era um menino!

Quando os enfermeiros colocaram a criança em seu colo, ela agradeceu a Deus por aquele presente, sobretudo por ser um menino, que a manteria em sua casa. "É um menino de saco roxo", gritaram. Aqui, detalhes anatômicos do meu corpo à parte, posso ver as mãos de Deus, pois uma criança com uma gestação tão turbulenta nascer de forma tranquila só mostra que Deus chegou primeiro, assumindo o controle de tudo. Hoje, o que mais elogiam em mim é a capacidade de me manter estável diante de situações emocionalmente turbulentas. Mal sabem que isso não vem de mim, mas de Deus.

Se minha mãe ficou feliz, imagine o meu pai! Aliás, o meu pai ficou sabendo que era um menino depois de um tempo após meu nascimento, porque nem levar minha mãe ao hospital ele levou (quem levou foi um amigo dele, do bar), ou seja, ele chegou atrasado para o parto, sem ter a oportunidade de acompanhar o nascimento. Mas, ao chegar no hospital e ser informado de que era menino, ele fez um escândalo, tamanha foi a alegria.

Minha mãe lembra com muitos detalhes daquele dia, e conta que ele deu uma tapa na mesa da recepção do hospital, comemorou, gritou, soltou rojão e fez até um anúncio no jornal, contando que tinha tido um filho homem. Essa é uma reação previsível para um narcisista, já que todos eles são, de certa forma, extravagantes.

É claro que eu, como filho, fico feliz e orgulhoso ao saber dessas histórias, afinal, todas essas reações demonstram que existia um sentimento do meu pai para comigo. Isso me deixa muito satisfeito! Mas também me faz refletir que tudo isso poderia realmente ser reflexo do que ele sentiu por mim, ou porque aquela característica extravagante é só mais uma característica de um bom e tradicional narcisista.

Como eu já disse neste livro, até hoje eu não sei afirmar se o meu pai era só narcisista, ou se ele era esquizofrênico, tinha transtorno bipolar, borderline ou qualquer outro distúrbio, incluindo problemas espirituais. Era muito difícil decifrá-lo. Eu posso dizer que ele realmente gostava de mim, seu filho, mas esses transtornos (quaisquer que sejam), faziam com que ele não conseguisse demonstrar isso o tempo todo.

Até hoje eu tenho o anúncio que ele fez no jornal. Quando ouço as histórias, ainda me emociono. Ser filho de narcisista é algo que destrói sua identidade e faz com que você não tenha segurança nem no próprio mundo, e isso é muito difícil. Eu precisei trabalhar muito todas essas questões na terapia. O papel de um pai na criação de uma criança é o de prepará-la para o mundo, dando-lhe coragem e fazendo com que essa criança não sinta medo, mas sim autoconfiança para enfrentar qualquer desafio que apareça. E eu não tive isso.

Essa confusão sobre ser ou não amado é exatamente o que pais narcisistas provocam em seus filhos. Assim, eles viciam as crianças e as ensinam que o modo correto de se viver é através de uma gangorra de sensações, sentimentos e emoções, entregando apenas o que eles querem, na hora e da forma que eles querem. Não existe segurança nas mãos de um pai ou de uma narcisista.

Segurança foi algo que nunca tive como filho e é claro que isso me afetou na vida adulta. Ao contrário: o que eu tive foi um pai que abusava da minha mãe e até mesmo de mim. Você vai entender como eram esses abusos nas próximas páginas, nas quais eu vou te contar como foi, para mim, crescer ao lado de uma pessoa com atitudes narcisistas.

OS PRIMEIROS IMPACTOS DA CONVIVÊNCIA COM UM PAI NARCISISTA

Após o meu nascimento e, conforme eu fui crescendo, passei a conviver cada vez mais com meu pai: uma pessoa que, além de transtornos mentais, tinha problemas com o álcool. É claro que o álcool potencializa muito as coisas - que já eram ruins, mas acreditem, podia piorar! Agora, você imagina uma pessoa que é viciada em álcool ser dona de um bar: esse era o cenário do meu pai, que como alcoólatra, dormia e acordava ao lado daquilo que fazia mal a ele. Lembra que a gente morava nos fundos do bar? Era um pesadelo.

De algumas coisas eu tenho lembranças, mas outras, a minha mãe me conta e eu consigo imaginar. Hoje, depois de ter estudado psicanálise, eu sei que tudo aquilo que aconteceu, está gravado em meu inconsciente, mesmo que eu não lembre. Ou seja, tudo aquilo que a minha mãe me conta e que me gera certo sentimento são coisas que ficaram gravadas em mim. Tudo aquilo que gera sentimento quando a gente escuta é fruto de coisas que estão gravadas em nosso inconsciente e que ainda nos afetam. Ainda que o consciente não tenha acesso direto a essas lembranças, ou seja, que conscientemente você não se lembre, tudo aquilo que está gravado altera o nosso comportamento, porque está em nossa memória inconsciente.

Algumas das coisas que não estão em minha memória consciente, mas que minha mãe me conta, me traziam sentimentos muito ruins, que precisei tratar na terapia. Exemplos disso são as vezes em que, logo que nasci, meu pai chamava as pessoas para que elas pudessem me ver, ainda no berço. Meu pai dizia que aquele era seu filho, e que, mesmo sem ter certeza se era realmente dele, ele havia dado o seu nome, era quem tinha registrado e quem criaria. Tudo isso numa tentativa de insinuar que minha mãe poderia ter traído ele com outro homem e, assim, engravidado. É claro, sempre com o intuito de difamar a moral e a índole de minha mãe. Todos diziam para ele parar de falar aquelas coisas, mas a piada era sempre dita. O que isso pode ter gerado? Falta de pertencimento, rejeição, sentimento de não merecimento, dúvidas sobre o amor...

Quando eu cresci um pouco e comecei a engatinhar, com cerca de um ano de idade, meu pai começou a se relacionar com outra mulher e, justamente por conta dela, certo dia, ele colocou a mim, minha irmã e minha mãe para fora de casa, longe dele, para poder viver seu novo romance. Então, minha mãe pegou as suas coisas - que eram poucas – e, comigo e minha irmã, foi embora para o Paraná, onde ainda tinha alguns familiares, como uma irmã, cunhado, primos e pessoas que, de certa forma, na cabeça dela, a receberam e ofereceram moradia. Foi o que fizeram, mas por um curto tempo. Lá estava ela de novo: vendendo enxoval, limpando a casa e cuidando de tudo por comida e moradia. Agora, com dois filhos nos braços.

Você percebe as repetições? Grave essas informações, pois eu quero que você perceba o padrão de vida em que minha mãe viveu e passou aos filhos. Sempre sem casa, sendo humilhada, com uma mala nas mãos, sem profissão, dinheiro ou independência, mendigando ajuda. Estaríamos nós condenados a viver sempre o mesmo? Era uma maldição? Parte não, parte sim! A maldição só existe para quem não conhece a Cristo ou, mesmo o conhecendo, decide viver a repetição por não questioná-la nem assumir a sua verdadeira identidade, que é a de Filho de Deus. Falaremos disso mais adiante.

Após algumas semanas na casa dos parentes, as coisas começaram a pesar, afinal, era a minha mãe e mais dois filhos, sem nenhuma renda para ajudar com as despesas que, obviamente, aumentaram. Então, a minha tia - ficamos na casa dela neste período - nos colocou para fora também. Tudo bem, o motivo era plausível desta vez, mas ainda assim a gente precisava de um lugar para morar, comida para comer e cama pra dormir! Foi então que minha mãe decidiu falar com a minha avó, mãe do meu pai.

Ao ligar para ela e contar tudo que estava acontecendo, sobre a outra mulher e o fato de meu pai ter tirado a gente de casa, minha avó mandou dinheiro para que minha mãe pudesse pegar um ônibus até Americana, de volta para a casa de meu pai. Minha avó, que estava em

São Paulo, e a gente, no Paraná, se encontraria conosco na casa dele, no dia seguinte. E foi exatamente isso que aconteceu.

Quando chegamos em Americana e nos encontramos com a minha avó, fomos até a casa de meu pai. Para a nossa surpresa, havia até mesmo roupas da outra mulher penduradas em nosso varal, o que significava que ela já estava morando lá, com meu pai, na casa que era nossa.

Foi então que minha avó, decidida, entrou na casa e colocou aquela mulher para fora. Ela argumentou com meu pai, mandando ele assumir o filho que tinha feito, e insistindo para que nós voltássemos para casa. É claro que os dois brigaram muito, mas a minha avó assumiu a autoridade que ela tinha perante meu pai e nós oficialmente voltamos para casa.

A partir daquele dia, meu pai nunca mais se envolveu assumida e explicitamente com nenhuma outra mulher - embora, é claro, houvesse muitos relatos de que ele traía a minha mãe e até mesmo me levava para lugares indevidos para fazer isso. Mas essas histórias eu conto daqui a pouco!

Podia piorar? Lembre-se: até melhorar, piora muito!

CRESCENDO EM UM PESADELO

Uma das grandes dificuldades para mim, na época, era precisar aguentar as humilhações e diminuições que meu pai fazia comigo e com a minha mãe. Aqui eu quero abrir um parênteses para falar de uma pessoa que sofreu muito ao longo de todo este período que estou narrando aqui. É claro que a minha mãe foi a primeira pessoa a sentir com mais intensidade todo sofrimento que meu pai causava, mas quero falar também da minha irmã, Helen.

Helen sofreu muito, sobretudo por não ser filha do meu pai, mas sim daquele homem com o qual minha mãe se relacionou ao fugir do Paraná, que contei no começo deste livro. Quando conheceu meu pai, ele pareceu muito convincente ao dizer para a minha mãe que assumiria e cuidaria dela, mas a realidade é que não foi assim que aconteceu. Eu mesmo me lembro claramente de momentos em que iríamos fazer alguma refeição, por exemplo, e sentávamos todos juntos à mesa, quando meu pai tirava o prato da minha irmã e dizia que ela não deveria nem ao mesmo sentar conosco, já que ela era filha de outro homem. "Você não vai comer até que seu pai te assuma, mande pensão e te sustente. Bastarda!", dizia, aos gritos. Em seguida, minha mãe se levantava como leoa e, mesmo mais fraca e menor, enfrentava-o. A briga era feia, e a gente nem conseguia mais comer, pois as lágrimas escorriam pelo rosto.

Lembro-me que, por diversas vezes, comemos com lágrimas escorrendo e a comida raspando pela garganta, só para valorizar a briga que minha mãe havia vencido. O sabor da comida com lágrimas jamais esquecerei!

E as humilhações não paravam por aí: ele dizia que se ela quisesse comer alguma coisa, ela deveria pedir ao pai verdadeiro dela, que pagasse a pensão para que ela pudesse se vestir ou se alimentar e morar conosco. É claro que a minha mãe saía em defesa da Helen, comprando a briga e argumentando contra ele. O desfecho era sempre o mesmo: minha mãe colocando novamente o prato dela na mesa, Helen já não sentia mais fome e nem vontade de comer, chorando muito... e eu sempre observando toda aquela cena: meus pais brigando e gritando, minha irmã chorando e minha mãe tentando se defender. A única coisa que eu me recordo é do sentimento que tomava conta de mim, de querer ajudar as duas e tirá-las de lá. Eu queria defender, cuidar e sustentar as duas! Guarde essa informação, pois você verá como a "síndrome de salvador" me acompanhou nos relacionamentos amorosos.

Com tudo o que vivi, era de se esperar que não conseguiria criar uma identificação com meu pai, no sentido de ter um exemplo de homem para seguir e ser como ele. Afinal, o que eu via era um homem que maltratava duas mulheres e uma criança, a troco de nada. Era óbvio que eu não gostaria de ser igual a ele. A única referência que ele fazia para mim era de uma pessoa que eu jamais seria!

Essa é uma reflexão muito importante que eu faço, porque foi ali, exatamente naquela fase da minha vida, vivendo todo aquele drama familiar que eu vivia, que começou a surgir o Vieira Junior de verdade. Foi ali que começou a surgir esse mesmo homem que escreve esse livro e que tenta, da melhor maneira possível, ajudar as pessoas e proteger as mulheres! Um Vieira Junior que luta para que você abandone um narcisista! Hoje, eu sou assumidamente um homem que defende as mulheres e essa é a minha missão de vida!

Quando eu falo de proteger as mulheres é porque eu realmente tenho a tendência de ajudá-las, sobretudo por ter vivido e visto tudo que eu vi com a minha mãe e minha irmã, duas das mulheres mais importantes da minha vida. Claro que eu também vou lutar pelos homens e por todos que eu puder, para que ninguém tenha um relacionamento abusivo com um narcisista. Mas, admito, sei que a fragilidade física de uma mulher comparada a de um homem (via de regra, com exceções, claro) faz com que elas me inspirem a protegê-las.

Voltando à história, eu me lembro que naqueles momentos em que eu via meus pais brigando e minha irmã sofrendo, eu não tinha forças para brigar e nem para defender ninguém, afinal, eu era uma criança ainda muito nova e pequena. Mas mesmo não podendo reagir, sobretudo fisicamente, nascia em mim um sentimento muito forte, acompanhado de uma certeza absoluta de que eu jamais gritaria com nenhuma mulher; jamais levantaria as mãos ou humilharia qualquer pessoa. Ali começou a surgir a certeza que eu carrego hoje, de que a mulher precisa ser cuidada! Mulher merece flor, nada menos que isso.

A mulher é uma rosa e eu devo ser, no mínimo, um beija-flor que consegue, sim, tocar seu interior e provar do seu doce, mas com um cuidado e sutileza que toda rosa merece. Um beija-flor que chega com tanto cuidado batendo suas asas, fazendo com que seu bico penetre no fundo de sua alma; no fundo da flor - para beijá-la e captar do seu néctar, a ponto de que a flor sequer se mexa. Mas, ainda que não se mexa, a flor sente que foi tocada, e retribui aquele toque com o que há de mais doce!

Para mim, a relação entre homem e mulher é exatamente a relação beija-flor: enquanto um beija, o outro retribui com seu néctar. Esse que beija precisa se desenvolver. Sim, o homem precisa se desenvolver para ser tão sensível e delicado, como o beija-flor se desenvolveu para que batesse suas asas milhares de vezes, sem sequer incomodar a flor enquanto está coletando seu néctar, tamanha sua delicadeza. Essa é a minha visão e, para mim, é assim que deveria funcionar a relação de homem e mulher.

Tratar bem uma mulher é o contrário do que o meu pai fazia. Lembro-me de muitas situações em que meu pai maltratava minha mãe e nos colocava para fora de casa. Não tinha nenhuma regra: ele fechava o bar por volta das 2 horas da manhã e vinha muito bravo para casa; ele exigia que as luzes já estivessem apagadas, além de televisão desligada e tudo escuro - isso porque, como não trabalhávamos para ajudar com os custos, não tínhamos direito nem ao menos de gastar energia com as luzes, segundo ele.

Nesse contexto, se precisássemos usar o banheiro ou fazer qualquer outro tipo de atividade que não fosse possível no escuro e se acendessem as luzes por pouco tempo que fosse, ele via e voltava para a casa muito nervoso, brigando e batendo em nós. Também havia as vezes em que, devido ao escuro, minha mãe não fazia o jantar - outro motivo que o fazia chegar de madrugada em casa, muito bravo e brigando muito. Quantas vezes eu vi minha mãe cozinhando no escuro... Tenho claramente essa cena na minha memória: as luzes azuis do fogão iluminando um pouco a nossa cozinha, enquanto eu brincava que aquelas luzes eram de alienígenas.

Eram nessas ocasiões que meu pai nos tirava de casa, nos ameaçando e, muitas vezes, pegando até a arma que ele tinha - um revólver calibre 38 - ou um facão, para que nós saíssemos sem pedir para voltar. Assim íamos, eu, minha mãe e minha irmã, só com a roupa do corpo, para a rua.

Pode parecer contraditório, mas havia ocasiões em que meu pai me amava muito. Ele me levava a lojas de brinquedos e permitia que eu comprasse o que eu quisesse... Chegando em casa, ele ainda fazia questão de exibir os meus brinquedos para que todos vissem o quão bom e generoso era aquele homem! Um pai prestativo que comprava brinquedos e presentes para o filho! Ele exibia tudo aquilo para meninos pobres, que não tinham sequer o que comer, pois o nosso bairro era muito pobre.

É claro que tudo isso acontecia no mesmo dia em que, mais tarde, ele ficava bravo sem motivos e tirava de mim todos aqueles brinquedos, me proibindo de brincar. Certa vez, nunca me esqueci, ele comprou uma daquelas bolas grandes de plástico para mim, e, ao ver a minha irmã brincando, ele rasgou a bola com uma faca. É claro que tanto eu quanto minha irmã ficamos chorando pela bola que ele mesmo me dera e ele mesmo estourou.

Assim íamos vivendo, com a agressividade aflorada e sempre descontada em nós. Pelo menos, bater em minha mãe, eu nunca vi. Isso porque, acredito eu, ele estava na maioria das vezes bêbado, e nessa situação a minha mãe acabava sendo até mais forte do que ele, mesmo sendo mulher. É claro que havia troca de empurrões, tapas e violência verbal; mas ao extremo de bater, ele nunca chegou - pelo menos isso, né?!

Mas a humilhação que ele fazia conosco era como se fossem tapas e bofetões, tamanhos eram o sofrimento e a dor! Quando ele colocava a gente para fora de casa, por exemplo, precisávamos esperar ele dormir para que eu, magrinho que era - devia ter cerca de quatro anos de idade

- passasse através de um vão que havia na porta de vidro para, então, pegar a chave e abrir o portão para a minha mãe e minha irmã. Mas é óbvio que não chegávamos a entrar dentro de casa, senão a situação pioraria muito: nós dormíamos em um rancho no fundo de casa.

Esse rancho tinha apenas duas ripas de madeira para apoiar o telhado improvisado, que tinha o objetivo apenas de proteger os vasilhames de cervejas e produtos do bar da água da chuva. Então ali era como se fosse um pequeno depósito do bar - lembrando que nossa casa era nos fundos do bar - onde tínhamos também 4 cachorros. Nossos cachorrinhos (Perneta, Nega, Tico e Tiquinho) dormiam ali naquele rancho, e eles tinham um colchãozinho para que não passassem frio. Quando dormíamos ali, nós tirávamos eles do colchão para que pudéssemos dormir, e eles sempre muito felizes porque estávamos lá junto deles.

Chão de cimento batido, umidade e água escorrendo pelas paredes, cheiro de cerveja velha, teias de aranha por todos os lados, fezes de rato, baratas, telha de Eternit, cheias de furos e goteiras, e o barulho da água estourando no chão... Esse era o cenário, com a gente deitado ao lado dos cachorros.

Eu, uma criança de 4 anos, via tudo aquilo como uma grande festa; uma grande brincadeira. Eu ficava verdadeiramente feliz por dormir com os cachorros, afinal, eu era uma criança que amava meus animais de estimação! A minha mãe, é claro, fazia com que tudo aquilo parecesse, de fato, uma grande brincadeira. Ela fazia de conta que meu pai era um bom homem e que estava dentro de casa mas que logo nos chamaria para entrar, afinal, ele estava "brincando com a gente".

Nossos cachorros, ora dormiam com a gente, ora iam para as suas casinhas e nós deitávamos com mais espaço no colchão. Eu me lembro de olhar para as telhas e ficar observando os buracos que havia em algumas delas. Quando não chovia, dormir ali era realmente divertido! O problema real era quando chovia... Ah, quando chovia era bem difícil.

Nas noites de chuva, os pingos escorriam pelo chão e chegavam até o colchão onde nós dormíamos. Não tinha o que fazer, porque o rancho era aberto (era só uma pequena cobertura sustentada por duas vigas de madeira, como eu já disse), e isso fazia com que o colchão ficasse encharcado! É claro que isso acarretava gripes e resfriados, que deviam ser sofridos por nós de forma silenciosa, sem que meu pai soubesse o motivo pelo qual estávamos daquele jeito.

Quando chovia, além de molhar nosso colchão improvisado, tinha outro agravantes: ratos e baratas! Lembra que eu falei que nesse rancho ficavam algumas caixas de cerveja e produtos para o bar?! Pois bem... Por muitas vezes - lembro-me bem disso - eu via baratas e até mesmo ratos saindo de dentro daquelas caixas, e andando ao redor de onde estávamos. Isso me causa até um calafrio ao lembrar!

Quero abrir um parênteses aqui, para contextualizar você: eu cresci em um bairro de Americana que era uma favela. Essa favela, nos anos 70, foi urbanizada pelo prefeito, que decidiu acabar com todas as favelas da cidade, dando para cada família que morasse em algum desses bairros, um terreno que tinha um banheiro do lado de fora da casa, e mais um cômodo. A prefeitura entregava a moradia dessa forma, e as pessoas terminavam de construir e organizar a casa. Todos que ali moravam, eram muito pobres, então muitas das casas não estavam acabadas. A minha casa era "ótima" perto das outras, e já tinha até mesmo um banheiro na parte de dentro. Além do banheiro, tínhamos um piso daquele cimento batido com cera vermelha. Até mesmo azulejo no banheiro e na cozinha nós tínhamos!

Mas por que estou contando isso? Para que você imagine o contexto em que eu estava inserido naquele momento. As condições eram praticamente mínimas, mas ainda assim a gente tinha certa vantagem, sobretudo com relação à vizinhança. E o meu pai gostava de mostrar tudo isso para as pessoas, na intenção de se passar por um "bom homem", provedor, como alguém que não deixava faltar nada dentro de casa. Ele queria passar a imagem de alguém que queria fazer da sua casa o melhor ambiente possível para a sua família. Mas, na realidade, os "bastidores" revelavam outra coisa: uma mulher e duas crianças dormindo no rancho do quintal, junto com os cachorros, porque o homem da casa colocou os três para fora, sem motivo. Era uma situação realmente difícil.

Tenho em minha memória uma situação na qual estava chovendo muito, e estava começando a anoitecer. Como já estava ficando escuro, meu pai abriu a janela dos fundos e viu a gente no rancho. Até então, quando ele nos colocava para fora, ele achava que dormíamos na rua, ou encontrássemos qualquer outro lugar para dormir, mas não que ficávamos ali mesmo, no próprio quintal. Quando ele viu aquela cena, sarcasticamente ele nos perguntou - com um sorriso de canto de boca - se estava "gostoso" e "divertido" ficar ali e dormir naquele lugar. Eu, na inocência de uma criança, respondi que estava sim, divertido! Afinal, para mim era realmente uma diversão dormir com os cachorros que eu amava (exceto, claro, em dias de chuva). Além de responder a ele dizendo que estava divertido, eu ainda o convidei para se juntar a nós! E aí a briga se instalou... Ele e minha mãe começaram a brigar muito, até que ele fechasse a janela e entrasse em casa. Tudo isso sem nenhum mínimo remorso ou qualquer sentimento que pudesse fazer ele enxergar o erro que estava cometendo. Meu pai realmente achava que estava "tudo bem" agir daquela forma, e fazer tudo aquilo conosco.

Como você tem percebido, estou aqui narrando algumas das histórias que eu me lembro, ou que a minha mãe me conta, para que você consiga visualizar as atitudes do meu pai, e assim identificar se essas mesmas atitudes - ou parecidas - também são atitudes de pessoas com as quais você convive. Assim é mais fácil identificar um narcisista e aprender a lidar com ele.

Voltando às histórias, lembro-me de outra situação em que meu pai colocou a gente para fora (eu, minha mãe e minha irmã) e como costumávamos fazer, eu entrei pelo vão da porta para conseguir entrar e pegar a chave, como eu já narrei que eu fazia. Mas, no meio desse "esquema", ele acordou. Mas ele não acordou de forma tranquila - como você já deve estar imaginando – mas sim, irritado e muito bravo. Com o revólver nas mãos e gritando muito, ele começou a correr atrás da minha mãe que, claro, saiu correndo para tentar se defender.

Na época, nós tínhamos uma vizinha muito querida que se chamava Nadir. Ela nos ajudava muito, além de me tratar como um filho! Nós éramos vizinhos de muro; literalmente o que separava nossas casas era um muro que a gente dividia. Encostada no muro, nós deixávamos uma escada que servia justamente para momentos como este que estou narrando: uma escada para que minha mãe pudesse pular caso precisasse se defender do meu pai, subindo os degraus e saltando para a casa de dona Nadir.

Foi nesse dia que, tragicamente, na tentativa de se esconder do meu pai, minha mãe caiu da escada. Na realidade, a escada quebrou no momento em que ela foi pular, e assim caiu de mais ou menos três metros de altura. Quando eu vi minha mãe ali, deitada no chão, eu achei que realmente a havia perdido. Eu, criança, fiz o que provavelmente qualquer outra criança faria: gritei.

Gritei para o meu pai, dizendo a plenos pulmões que ele havia matado a minha mãe. É claro que a reação dele foi parecer correndo, todo sem graça e fazendo com que aquilo parecesse ser apenas uma brincadeira. Graças a Deus, minha mãe ficou bem - não foi nada grave. Mas apesar de "passar despercebido" para todos que ela tinha caído por tentar fugir dele, eu sabia exatamente o que estava acontecendo.

Naquela noite, ainda que meu pai quisesse nos colocar pra fora, nós fomos para a cama e dormimos em paz. Uma paz diferente do que deveria existir dentro de um lar, mas ainda assim, uma leve paz, que nos permitiu pelo menos tirar a noite de sono.

Talvez, agora, começasse a melhorar. Certo? Não. Ainda pioraria muito antes de melhorar.

DEUS, MUDE A MINHA HISTÓRIA!

No meio de todo esse sofrimento, ao menos uma coisa boa aconteceu: minha mãe levou a minha irmã para a casa do pai dela. Se você é um leitor atento, vai se lembrar da história deste homem, que abandonou minha mãe ao descobrir a gravidez. Pelo fato de ele ter abandonado minha mãe e minha irmã - ainda na barriga -, ele nem mesmo a registrou como sua filha, até aquele momento; e isso era motivo de sofrimento para a Helen, além de ser constantemente lembrado pelo meu pai, que a chamava de bastarda.

Até mais ou menos seus 12 anos, minha irmã precisou conviver com um homem que, além de não ser o seu verdadeiro pai, ainda a humilhava e a chamava - entre tantas outras coisas - de filha sem pai. Foi assim que minha mãe resolveu levá-la para o homem que era seu pai, que então a registrou e acolheu Helen, que foi morar com ele em São Paulo.

Ainda que eu e minha mãe tivéssemos sofrido com aquilo, cultivamos uma certa felicidade e alívio por saber que Helen havia se livrado de toda a tortura psicológica que a fazia tão mal. Eu e mamãe, ainda que com muita dificuldade, seguimos nossa jornada ao lado daquele narcisista que tanto nos humilhava. A partir de então, seria só ela e eu.

Como você deve imaginar, as coisas pioraram ainda mais: ele continuou colocando a gente para fora de casa, e eu e minha mãe continuamos tentando achar um local seguro para dormir. Até que começamos a ir até a casa da minha avó materna: caminhávamos cerca de 15 quilômetros para chegar lá e tentar ter uma noite melhor de sono. Meus avós, Luís e Ana, sempre nos acolheram com muito amor e carinho, além de fazer orações para nós. Eles eram cristãos da Congregação Cristã no Brasil, e isso dava a eles um vasto repertório de orações, entre elas, uma que pedia para que Deus mudasse nossa história.

Lembro de uma oração que meu avô fez certa vez, que dizia mais ou menos assim: *"Deus, o senhor conhece nossas ações e nossos pensamentos"*. Aquilo ficou gravado na minha cabeça, e eu lembro que eu levantei, e perguntei para o meu avô

- Vô, mas Deus sabe o pensamento da gente?
- Sim, Julinho (ele sempre colocava o L ao invés do N).
- Então, tudo que eu penso, Ele escuta?
- Sim! É como se você estivesse falando com Ele. Deus sabe tudo e escuta tudo que você está pensando.

Meu avô e minha avó foram pessoas que eu amei muito. Ambos já foram recolhidos para morar com Deus, mas ainda os mantenho com muito carinho em meu coração, principalmente porque eles me deram o que considero minha maior riqueza: o conhecimento da Graça de Deus.

Voltando às orações, aquela informação de que Deus podia escutar nossos pensamentos me encantou tanto (e ainda me encanta) que eu gravei em minha memória. Ainda na casa de meus avós, lembro que eu deitava em um colchão no chão, e minha mãe ficava no sofá da sala. Minha avó pegava seu véu, colocava-o na cabeça e tocava em seu órgão, alguns hinos da igreja; eu me lembro de um hino que era assim:

"Foi grande a tempestade, que no mar se levantou. Ondas cobriram o barco, que a todos causou terror. O mestre estava dormindo, foi despertado então, pelos que a ele pediam socorro e salvação. Ao seu mandar santo e divinal, paz seja em vós. Ventos e mares se aquietaram, paz seja em vós. Convosco está o senhor do mar, portanto deveis sem temor, remar. Pois ele está sempre a vos salvar, tende paz, tende paz. As ondas cessam de encapelar, paz seja em vós"

Esse hino me transportava para a cena do mar revolto, com Jesus dizendo para ele se acalmar... O engraçado era que eu ficava me perguntando quem era esse Jesus; que homem forte para dar conta de acalmar um mar! Eu não tinha noção de quem era Jesus e nem mesmo Deus. Sobre Deus, eu só tinha duas informações: que Ele ouvia os pensamentos, e que Jesus foi um homem que acalmou o mar. Poucas ou muitas, eram as informações que eu tinha. E eu as guardei.

Eu amava dormir ouvindo minha avó tocar o órgão e cantar os hinos. Quantas vezes eu dormi vendo aquela cena: ela dedilhando o órgão, cantando baixinho... Minha mãe, também com o véu na cabeça, deitada dormindo, e eu olhando minha vó tocar. Foram inúmeras as vezes que isso acontecia, porque, como eu contei, eram muitas as vezes que meu pai colocava a gente pra fora e íamos buscar abrigo na casa de meus avós. No dia seguinte, eu já sabia que meu pai estaria ali. É claro que ele caprichava: chegava com pizza, chocolates e flores, chorando e implorando para a minha mãe voltar. Claro, ela sempre voltava. A gente sempre volta. Guarde essa informação e a compare com os relacionamentos que já tive e vou contar aqui, pois eu repeti essa cena em todos!

Em uma dessas noites em que meu pai nos colocou pra fora, eu e minha mãe ficamos no rancho, e resolvi ficar olhando para o céu, apreciando aquela noite. Naquela ocasião, lembrei do que meu avô me disse, de que Deus escutava nossos pensamentos. Foi então que eu, olhando para o céu - que eu me lembro como se fosse hoje, estava muito estrelado - pensei *"Deus, muda minha história"*.

Eu tinha mais ou menos 6 anos de idade quando eu tomei consciência de pedir isso a Deus. Tomei consciência de pedir para que ele mudasse a minha história.

Claro, depois disso, tudo melhoraria? Não! Piorou e muito. Mas começou a piorar de vez, para melhorar de vez.

Antes do próximo capítulo, quero que você acompanhe comigo a uma das músicas que, para mim, mais representam essa parte da minha história. Ela me emociona até hoje!

HUNGRIA - UM PEDIDO

MEU PEDIDO FOI ATENDIDO: DEUS TIRA DE MIM O POUCO QUE EU TINHA

O tempo foi passando, fui crescendo e, a cada aniversário, meu pai cumpria sua promessa. Lembra que contei no início deste livro? Com quatro anos, ele cortou meu cabelo, jogamos o cabelo no rio, teve o bolo e tudo aquilo que ele havia prometido quando eu nasci. Aos seis anos, ele fez a última festa de aniversário, oferecendo o primeiro pedaço de bolo aos seus guias e distribuindo doces às crianças. Eu também era obrigado a tirar fotos e rezar junto às imagens.

Ao longo do tempo, as coisas só pioraram com meu pai. Mas, curiosamente, em paralelo a isso, uma coisa que mudaria para sempre as nossas vidas também começou a acontecer: meu pai foi adoecendo.

Meu pai ficou doente, suas pernas começaram a apresentar feridas e ele entrou em uma depressão profunda, além de doenças que nunca se curaram e só se acumulavam, como a cirrose hepática. Na verdade, hoje eu entendo que aquilo que aconteceu era uma depressão profunda, mas na época as pessoas achavam que era só "porquice". Isso porque ele chegou a ficar quase um ano sem tomar banho. Além disso, ele deixou de cortar o cabelo e de fazer a barba. E, é claro, em paralelo a esses problemas, e como forma de tentar fugir de tudo, ele passou a beber muito mais. O alcoolismo, que já era forte, ficou ainda mais agressivo.

Devo fazer uma observação de que antes das outras doenças tomarem conta dele, a depressão profunda o atingiu depois de um fato que vou narrar. Quando mudamos para aquela casa na qual estão acontecendo todos esses fatos, havia um homem - ele morava ali por perto - que importunava sempre a minha família. Ele dizia que ia matar meu pai, estuprar a minha mãe e me matar. Certo dia, esse homem foi para a porta da minha casa e começou a brigar muito com meu pai, por motivos que um bar produz. Eles tiveram realmente uma briga corporal, e meu pai sacou a arma (aquela mesma que ele usava para ameaçar minha mãe) e com vários tiros, matou aquele homem, ali mesmo, no quintal de casa.

É claro que eu não vi a cena, e muito menos me lembro desse fato, pois eu ainda engatinhava. A minha mãe me contou isso, certa vez, e o fato de ele entrar em depressão fez muito sentido ao saber dessa história. Depois que meu pai matou o sujeito, ele fugiu do flagrante e nunca foi preso. Respondeu ao processo enquanto estava em vida, e foi a partir daquele crime que a depressão se agravou.

Aliás, é importante contar que, certa vez, aquele mesmo revólver quase me matou. O meu pai tinha costume de deixá-lo na cabeceira da cama, pois, depois do ocorrido, ele morria de medo que alguém viesse vingar o assassinato que cometeu. Minha mãe conta que, um belo dia, enquanto eu estava aprendendo a andar, apareci no corredor da casa com aquela arma nas mãos. Apontando para minha própria cabeça, imitando sons de tiro e dizendo com palavras enroladas: pah, pah, pah! Vamos matar o bandido (alguma dúvida de que o assassinato, mesmo eu sendo um bebê, havia ficado no meu inconsciente?).

Segundo ela, eu fiz aquele gesto com o bico da arma apontado para a minha cabeça. Na hora, ela gelou, clamou a Deus e veio com muito cuidado, tirou a arma de mim e a escondeu.

Hoje, com a formação e experiência que tenho, consigo voltar no tempo e olhar nos olhos do meu pai, de homem para homem, e ver que ele era uma pessoa muito doente. Eu nunca vi o meu pai tomar banho, escovar os dentes ou comprar roupas novas. Por isso, não classifico meu pai como uma pessoa que tinha somente o transtorno de personalidade narcisista, mas como alguém que tinha atitudes narcisistas, outros transtornos e, acima de tudo, depressão, bipolaridade e muita opressão espiritual.

Sim, os espíritos também se aproveitam da sua fraqueza para lhe trazer mais problemas nesta vida. Analisando tudo que aconteceu comigo mas, sobretudo, com o meu pai, hoje eu tenho a clareza de que eu o perdoei. Aliás, hoje posso dizer até mesmo que eu amo o meu pai, porque todo esse processo psicológico pelo qual ele passou foi, com certeza, muito dolorido para ele. Eu não posso julgá-lo por tudo que ele fez, afinal, não vivi a história dele e nem mesmo senti as dores que ele sentiu. Doeu descobrir que meu pai também não teve um pai. Então eu compreendi, perdoei e ressignifiquei muita coisa.

Apesar de todas as características narcisistas, não dá nem mesmo para afirmar se o problema dele realmente era narcisismo, ou se ele acabou desenvolvendo esquizofrenia ou qualquer outra coisa. O fato é que hoje eu consigo perdoar ele, mesmo que a ferida que ele abriu em mim tenha doído por muito tempo.

Com todo conhecimento e fé que eu adquiri ao longo da minha vida, posso perceber que Deus permitiu que tudo acontecesse comigo e que eu tivesse a oportunidade de conviver com meu pai por todo período de tempo que vivi, para que eu pudesse aprender. E vou além: para que eu pudesse ensinar; para que eu pudesse mesmo escrever este livro que você está lendo agora e que eu sei que pode ajudar você a mudar de vida.

Meu pai fez parte do processo que me colocou aqui, diante de você, para lhe dizer: essa sua dor ainda se tornará em glória! Amém?

Toda a tempestade pode ser acalmada. Aquele mesmo homem do qual eu me perguntava quem ele era; aquele mesmo homem, Jesus Cristo... O mesmo Jesus que acalmou a minha tempestade e me ensinou tantas coisas para que eu pudesse compartilhar com você, é o mesmo Jesus que pode acalmar a sua tempestade também. Ele me permite te dizer algo que a minha avó e meu avô, Ana e Luiz, me diziam quando eu era criança: *"Deus escuta pensamentos".*

Hoje, eu posso dizer que um farmacêutico foi usado para me deixar vivo, um revólver não me matou, nem a bebida, nem espíritos maus, para que eu diga a você: peça para que Ele mude sua história, porque Ele pode mudar. Essa ferida que está sendo aberta hoje, será usada posteriormente para a honra e a glória de Deus, porque todos nós somos instrumentos nas mãos dele.

Aqui, eu creio que você já percebeu uma coisa. A minha metodologia para abandonar o narcisista é com um tripé: Deus, família e terapia, muita terapia. Sem Deus em primeiro lugar, a família não poderá fazer nada, a terapia será em vão. Agora, se você colocar a sua vida totalmente em Deus, a sua família será usada por Ele e a terapia te fará encontrar um ser glorioso, cheio de luz, dentro de você mesmo.

Bem, como eu ia dizendo... Meu pai então começou a beber mais do que já bebia e, como consequência, desenvolveu cirrose hepática e pneumonia. Além da depressão, que se intensificou muito, ele começou a passar por um momento bastante sofrido com essas doenças. Ele falava sozinho, via coisas e constantemente delirava.

Como eu já narrei por diversas vezes ao longo deste livro, o meu pai tinha um bar; e existia também um time de futebol que representava esse bar nos jogos na cidade. Eu sempre ia com ele, era uma espécie de mascote do time. Mas, certa vez, pouco tempo antes de eu completar sete anos de idade, fui pela última vez.

O campo de futebol ficava às margens de um prostíbulo e todos os jogadores se deitavam com as prostitutas antes ou depois das partidas. Não é preciso dizer que meu pai também se envolvia com essas mulheres, afinal, se todos que frequentavam ali, deitavam-se com elas, eu tinha certeza de que meu pai era um deles. Lembro-me que eu era muito bem tratado por todos, pois era o filho do Balé, o dono do time.

Acontece que, nesse último jogo que estou contando, meu pai não quis ficar com ninguém: ele simplesmente deitou debaixo da sombra de uma árvore que havia ali, e ficou descansando enquanto a partida acontecia, até depois que ela acabou. Eu, é claro, fiquei ali com ele. Eu estava acostumado a vê-lo à beira do campo, brigando, xingando, mas naquele dia, foi diferente. Eu fiquei com meu pai pela primeira, última e única vez. Ele não falou nada a manhã toda, só queria dormir, mas foi o melhor momento que tive com ele em toda a vida. Lembro das árvores balançando, dos passarinhos cantando e dele dormindo. Estava tudo em paz.

Quando chegamos em casa, o pior começou a acontecer: ele passou muito mal, a ponto de defecar em si mesmo. Ninguém conseguia ajudá-lo e levá-lo ao hospital, não só pelo peso de seu corpo, mas também pelo odor insuportável que estava impregnado nele. Inclusive, o cheiro se espalhou por toda a casa, e ficamos ali aguardando um tio meu chegar e ajudar a levar meu pai para o hospital, junto de mim e da minha mãe.

Ao chegar no hospital, os próprios médicos, ao verem a situação e mesmo a sentirem o odor, internaram o meu pai. A partir daquilo, poucos dias foram necessários para que ele falecesse. A última lembrança que tenho dele é daquele homem frágil, deitado, cansado, calado... Tenho aquele dia como um pedido de perdão dele para comigo, pois o que eu não contei é que ele me pediu para ficar com ele. E eu fiquei!

Meu pai morreu quando eu tinha aproximadamente 6 anos e meio, e, segundo conta a minha mãe, ele pronunciou algumas palavras antes de dar o último suspiro. Ele disse a ela: "peça perdão ao Juninho, à Helen, e me perdoe também. Eu fui muito ruim para vocês todos."

Saber disso faz com que eu tenha esperanças de que talvez meu pai não tivesse, necessariamente, transtorno de personalidade narcisista, mas sim, uma depressão profunda junto a traços de esquizofrenia e, claro, atitudes narcisistas. Até porque, além desse arrependimento - aparentemente - sincero, ele achava até mesmo que os espíritos falavam com ele, e assim nós flagramos ele conversando sozinho em voz baixa por diversas vezes.

Hoje, eu atrelo as atitudes narcisistas a espíritos maus. Mais à frente, eu tenho uma defesa teórica para isso, mas, por ora, quero que você saiba e reflita sobre isso: toda atitude narcisista só acontece quando a pessoa dá espaço para que espíritos maus ajam sobre sua vida, pois a raiz do narcisismo é a soberba, o orgulho, o vazio, a cobiça, a imagem maior do que realmente se é... tudo o que Lúcifer, o pai da mentira e do narcisismo, fez ao tentar destronar Deus.

Mais à frente, dissertarei com mais detalhes sobre essa minha teoria. Por enquanto, seguirei contando a história.

Meu pai disse aquelas palavras para a minha mãe e partiu. Confesso, quando ele morreu, eu agradeci a Deus. Agradeci porque eu acreditava que naquele momento, começaria uma fase de paz em minha vida. Uma fase na qual eu seria feliz. Lembro-me perfeitamente de ficar brincando de esconde-esconde e pega-pega com alguns amigos enquanto o corpo daquele homem estava sendo velado, sem sentir nenhum tipo de tristeza ou mesmo de saudade, afinal de contas, além de machucar a mim, ele machucou minha mãe e minha irmã - duas pessoas que eu amava.

Com a sua morte, eu fiquei feliz. Feliz porque, além de toda a paz que eu acreditava que teria, eu também voltaria a conviver com a minha irmã. Na minha cabeça, minha irmã voltaria a morar com a gente e, junto com a minha mãe e ela, eu seria feliz!

Mas é claro que, na prática, - e aqui peço perdão pelo clichê - a vida é cheia de surpresas.

Daria pra piorar? Sempre dá!

A VIDA SEM MEU PAI

Depois da partida de meu pai, a vida até começou - ao menos aparentemente - a melhorar um pouco. Mas é claro que isso não durou muito tempo. O que aconteceu logo que ele morreu foi que eu provei de uma liberdade que, até então, eu nunca tinha tido, afinal, meu pai era muito controlador. Com ele, eu não podia nem mesmo brincar na rua, e quando eu podia, era porque o humor dele estava melhor - ou seja, a minha pequena liberdade dependia do estado de espírito dele no dia. Às vezes, ele me liberava para brincar sem ao menos a fiscalização dele ou da minha mãe, e outras vezes ele não me deixava nem mesmo olhar meus amigos brincando pela janela! Era muito volátil, e as suas decisões eram diferentes a cada dia.

Por isso, a primeira sensação que eu tive com a morte dele foi a de liberdade. Eu literalmente dei "graças a Deus" que o meu pai tinha partido, e hoje eu posso dizer que não me orgulho nem um pouco desse sentimento. Mas eu tinha só seis anos de idade, e o pensamento que eu tinha é de que, agora que ele havia partido, seríamos só eu, minha mãe e minha irmã, e eu seria mais feliz e poderia brincar mais. É evidente que eu não tinha noção da proporção de tudo aquilo, principalmente noção das questões financeiras. Eu era apenas um menino que achava que o nosso sofrimento havia acabado.

Conforme os dias se passavam, começamos a enfrentar problemas que, até então, eram "normais" para uma família que, além de desestruturada e abalada sentimentalmente pela dor do luto, havia acabado de perder aquele que era o homem provedor da casa. Então - como era de se esperar - a primeira coisa que aconteceu foi que o bar do meu pai faliu. Somente a minha mãe passou a cuidar dele, e uma mulher cuidando de um bar, onde só frequentava gente bêbada, viciada e com problemas mentais, não estava dando certo.

Hoje, depois de estudar psicanálise, eu entendo que todo excesso esconde uma falta. O vício em si, não é necessariamente ruim - dependendo do tipo de vício. Vou explicar melhor: existem certos vícios que nos impulsionam, como por exemplo, os vícios em atividades físicas, ou mesmo em meditação, leitura e assim por diante. Vícios "positivos", fazem a pessoa ser melhor. O contrário também é verdadeiro, ou seja, vícios em álcool, drogas e sexo, por exemplo, são vícios que destroem a saúde e são muito ruins.

Sabendo disso tudo, vejo que aquelas pessoas que frequentavam o bar tinham problemas, cada uma em um grau e um tipo diferente, mas havia algum problema. Sei disso porque, como eu disse, era um "excesso" que se tornou vício ruim: todos os dias ali, bebendo e se tornando pessoas piores. Era quase um suicídio assistido, uma espécie de busca pela morte, ou, como dizia Freud, uma pulsão de morte. Eu via que a maioria ali tinha uma vida desestruturada socialmente, ganhava muito pouco e ir ao bar era o único momento de lazer e fuga. Porque cada ser humano preenche o próprio vazio com aquilo que consegue.

Inclusive, essa é uma reflexão que eu faço no contexto social brasileiro, de forma geral. O Brasil é um país muito pobre, no qual um terço dos trabalhadores vive com menos de um salário mínimo por mês, segundo o próprio IBGE (Instituto Brasileiro de Geografia e Estatística). Ou seja, um grande número de pessoas não têm recursos para investir em outros tipos de lazer, como um clube, uma aula de algum instrumento musical, uma viagem, ou mesmo em uma academia, por exemplo. Com isso, essas pessoas gastam seu pouco dinheiro em prazeres mais baratos e de fácil acesso.

Essa busca por prazeres de mais fácil acesso leva às pessoas a seguir por dois caminhos: ou a busca de prazer na religião - e isso faz com que exista essa "proliferação" de igrejas, que também acabam servindo como preenchimento de vazio - ou buscam o prazer nas coisas baratas e que fazem mal, como as drogas, as festas, o sexo precoce e sem limites e o álcool.

Essa reflexão faz com que eu veja que, infelizmente, o Brasil é assim, o que me deixa extremamente incomodado com uma vontade enorme de ajudar a mudar a mentalidade do meu povo, mas esse será tema de um próximo livro.

Olhando para a minha infância, depois ter estudado tudo que eu estudei e amadurecido tudo que eu amadureci, consigo ter essa ótica mais ampla sobre a situação do brasileiro que vive quase na miséria e, por isso, busca se preencher em prazeres ruins, vícios prejudiciais. Mas é claro que, mesmo com essa visão macro que eu tenho hoje, de que a realidade em que eu vivia na época é uma realidade comum em nosso país, é importante que você, leitor, tenha a ótica de um menino de seis anos de idade, que vivia nesse meio e sem saber de tudo isso que eu sei hoje - e que agora você também sabe.

Tudo que eu conto agora já está pacificado, entendido e elaborado dentro de mim, mas eu só consegui fazer isso porque eu retornei na minha infância, vivi tudo de novo e relembrei de cada momento, não mais como criança, mas sim como um adulto que consegue entender a situação e enxergar tudo aquilo que foi vivido, dentro do contexto da época - e até mesmo "esticando" para o contexto da maior parte das pessoas hoje.

Como um menino de seis anos de idade, o que eu conseguia ver e entender era o seguinte: minha mãe, uma jovem com seus 35 para 36 anos, bonita, inteligente, criativa e com uma veia artística muito forte - ela gostava de cantar, por exemplo - e que socialmente era muito bem desenvolvida, principalmente por já ter trabalhado com vendas. Uma mulher com todas essas características, mas que tinha dois filhos para criar - uma de quatorze e outro de seis anos - recém viúva de um homem que, até então, "mandava" no bairro.

Tinha gente onde eu morava que amava ele! Em compensação, outras pessoas o odiavam. O meu pai nunca permitiu que as pessoas tivessem sentimentos "neutros" por ele: era amor ou ódio. A diferença, na prática, foi que quando ele morreu, quem o amava não prestou nenhum tipo de apoio, e quem o odiava fez questão de demonstrar esse ódio e até mesmo tentou nos prejudicar.

Como eu comecei a narrar antes, o bar começou a ficar vazio e muitos começaram a se afastar. Só ficavam próximos aqueles homens que tinham interesses secundários - eu diria até mesmo sexuais - em minha mãe. Então, aquele lugar começou a ser frequentado por caras que acreditavam que, pelo fato de minha mãe ser recém viúva e com dois filhos para criar, ela sairia com todos os caras que pudesse para conseguir se sustentar e sustentar a gente. Era uma mentalidade muito nítida nos homens que começaram a frequentar o bar e tentavam se aproximar dela.

Por muitas vezes, eu a vi bebendo (e muito) para dar conta da situação.

Desespero, abandono, medo, vontade de gritar, bater em alguém, xingar, tomar tudo nos braços e resolver tudo de uma só vez, como homem que já me sentia.

Esses eram alguns dos sentimentos que eu tinha naquele momento.

Mas a vida é muito mais lenta do que pensamos. Eu ainda tinha só seis anos e tinha que ver, ouvir e sentir muita coisa para aprender e te ensinar hoje. Deus já trabalhava em mim, algo que hoje você lê pronto. Por isso, Glória a Deus por tudo o que passei naquele momento.

Já estava na hora de melhorar, mas ainda precisava piorar bastante até isso acontecer.

A MULHER QUE DEU A VIDA PARA QUE EU ME TORNASSE UM HOMEM DE VALOR!

A vida que minha mãe levava não era nada fácil: além de cuidar do bar, ela cuidava de mim e da minha irmã - cuidava do jeito que dava, afinal, como ela precisava dar atenção aos clientes, não dava para ficar olhando a gente da maneira que ela gostaria. O fato é que, em meio a todas essas responsabilidades e correrias, certo dia minha mãe começou a sentir dores e ter sintomas de sangramento.

O que parecia "não ser nada demais" foi evoluindo a tal ponto que ela desenvolveu uma anemia muito forte e início de leucemia, precisando ser internada.

Quando minha mãe foi internada, eu e minha irmã precisamos revezar nossa estadia entre a casa de um amigo - que já tinha sido meu tio, mas que não era mais casado com a minha tia, e por isso acabou virando apenas um amigo da família - e na casa dos vizinhos.

Lembro-me que esse momento foi muito difícil pra mim porque, além de estar longe da minha mãe e na casa de pessoas que nem eram da minha família, até a minha alimentação precisou mudar. Minha irmã era a responsável por cozinhar para nós, e ela ainda não sabia cozinhar bem. Cheguei a passar vários dias sem comer, ou me alimentando muito mal. Inclusive eu até peguei alguns traumas que refletem até hoje, como não gostar de arroz "papa", por exemplo. Reforço aqui o contexto em que eu era apenas uma criança de seis anos que tinha acabado de perder o pai, estava longe da mãe - que estava muito doente internada em um hospital - e vivendo na casa de amigos, comendo uma comida que, para o Juninho, era muito ruim.

Assim foi durante pouco mais de um mês, que foi o tempo em que minha mãe ficou internada. Eu me lembro de vê-la em um estado deplorável, no hospital, praticamente morrendo. Foi muito difícil, tanto para ela quanto para mim e minha irmã. Havia muitos sentimentos sendo gerados em mim naquele período e digo que, de fato, ficaram marcados.

Nunca tive medo de perder meu pai por toda a dor que ele me causava, mas eu estava em desespero de pensar que minha mãe, a minha heroína, meu braço forte, estava morrendo.

Até que certo dia, minha mãe ainda muito mal - estava se recuperando bem devagar - no hospital, recebeu a informação de alguém que foi visitá-la, de que o filho dela - eu mesmo! - estava andando com más companhias, que se envolviam com drogas, inclusive. Aliás, meu bairro era notavelmente conhecido por possuir tráfico de drogas, prostituição e esse tipo de coisa. Então, quando essa informação chegou aos ouvidos da minha mãe, ela resolveu por conta própria ir embora do hospital. Ela tirou os cabos que forneciam soro e medicação de seus braços, assinou o termo de responsabilidade - afinal, ela poderia morrer, tamanha gravidade da doença - e foi embora para a casa. O médico a alertou de que ela poderia morrer, mas ainda assim ela foi embora.

Ao chegar em casa, minha mãe me pegou pela orelha e disse que jamais criaria um filho bandido; que preferia morrer ao criar um filho perdido. Disse ainda que me faria um homem de valor, porque eu não tinha pai, mas ela seria mãe e pai ao mesmo tempo.

Na hora, eu sequer chorei. Uma responsabilidade gigantesca bateu em mim. Minha mãe estava parecendo um fantasma, magra, branca, sem expressão nem energia para ficar em pé. Mesmo assim, ela saiu de onde estava para me educar. Eu pensei: jamais isso vai acontecer de novo. Serei o melhor homem que esse mundo já viu!

Deus me guardou, pois, embora aqueles meninos realmente fossem da pesada, eles sempre me excluíram quando iam fazer algo errado. O motivo? Deus já brilhava em mim.

Hoje eu agradeço imensamente minha mãe, por ter feito o que ela fez; por ter arriscado a própria vida para me salvar de qualquer tipo de perdição que me rodeava no ambiente em que eu vivia. Eu me senti muito amado por ela, e por mais que muita gente acredita que o amor dos pais pelos filhos e constituído apenas por consolo e carinho, eu sei que a correção é um dos pilares mais importantes do amor, porque é a correção que mostra para os filhos o tamanho da preocupação dos pais para com elas. A própria Bíblia diz: *O coração da criança é inclinado à insensatez, mas a vara da disciplina a afastará dela - Provérbios 22:15.*

Ali, naquele momento, o que a minha mãe fez comigo foi me mostrar o quanto ela me amava e que ela preferia morrer do que criar um filho bandido. É claro que eu entendi o que ela queria, e passei a amar ainda mais ela. Deixei de lado as falsas amizades que eu estava seguindo e passei a conviver ainda mais com ela: a mulher que me amava e que arriscou a si mesma para me salvar.

Quando tudo parecia começar a melhorar, mais um fato que viraria a vida da minha família de cabeça para baixo: dessa vez, eu comecei a ficar doente.

O fundo do poço estava chegando. Que bom, depois disso, teria que melhorar. Será?

MAIS UMA VEZ, A MORTE NO MEU CAMINHO

Antes de entrar na ocasião da minha doença, quero abrir espaço para falar sobre a necessidade de vivermos para o outro. Sim, é isso mesmo: viver pelo outro e para o outro.

Ao retornar do hospital, minha mãe parecia um zumbi, tamanha sua exaustão. Branca, pálida e fraca: assim era sua aparência, ainda doente, lutando para sobreviver. Mas se engana quem pensa que ela lutava por ela mesma. Não, ela lutava por nós. Ela lutava por mim e pela minha irmã. Esse esforço de sobrevivência reforça a questão do viver pelo outro, e o fato de que nós não temos forças para lutar apenas por nós mesmos.

Todas as vezes que você coloca o propósito da sua vida em si mesmo, você vai, com certeza, sofrer. Todas as vezes em que você pensar que precisa fazer alguma coisa da qual o beneficiado será apenas você mesmo, isso vai te trazer tristeza e angústia, pode anotar! Isso acontece porque a beleza da vida está em viver assumidamente pelo outro.

No último capítulo deste livro, vou abordar melhor essa questão e ainda fazer uma análise crítica à psicanálise e às terapias modernas, que são centradas no próprio indivíduo; centradas em viver por seu próprio prazer e suas próprias vontades, deixando de lado a necessidade e o propósito maior de todos, que é o de viver pelo outro. Irei aprofundar mais essa ideia em breve, mas aqui eu quero que você guarde consigo isso que está lendo: quando você vive pelo outro, você tem mais força para viver!

É claro, leitor, que você não é ingênuo de interpretar isto que estou escrevendo como ser "bobinho" ou até mesmo bonzinho demais: são coisas diferentes! O que estou dizendo aqui é que se o seu propósito for apenas a sua própria vida, ela será pequena, frágil, e você desistirá, provavelmente, na primeira dificuldade.

O universo não se justifica na sua própria existência. Quem faz isso é o narcisista!

Inclusive eu arrisco a dizer que esta é, de fato, a principal razão pela qual as pessoas desistem tão facilmente hoje em dia. Desistem da própria vida, dos afazeres, do dia a dia e de muitas outras coisas que cercam o ser humano. Desistem porque estão focadas apenas em si mesmas e isso faz com que tenhamos uma sociedade ansiosa e depressiva.

O Brasil é hoje o país mais ansioso do mundo, segundo um relatório da Organização Mundial da Saúde (OMS) de 2019, que aponta que cerca de 18 milhões de brasileiros convivem com transtorno de ansiedade; número que representa mais de 9% da população do país. Os números não param por aí: nosso país é considerado o quinto "mais depressivo" do mundo.

Faço aqui uma sugestão bastante pertinente, de acordo com tudo que observo hoje em clínica, e mesmo em pesquisas e dados novos a respeito de transtornos mentais, de que tudo isso é fruto do "cultuamento" de si mesmo que estamos vivendo, sobretudo nas terapias modernas. Como eu já disse, vou explanar mais esse assunto nos últimos capítulos, mas, por enquanto, quero que você se atente a esses dados e essas observações que estou colocando aqui, porque elas dizem respeito não somente a reflexões que levam a considerar a necessidade de viver pelo outro, mas também fazem parte desta história.

Voltando à minha mãe, quero que você perceba que ela não sobreviveu por ela, mas sim pelo outro - por mim e pela minha irmã. Tenho convicção de que, por ela mesma, ela não teria forças. Aliás, leitor, isso já é algo assumido por ela mesma. Quantas vezes eu via minha mãe se levantando sem ter condições de se levantar. Mas se eu dissesse que estava com fome, ela, além de se levantar, ia preparar comida para mim.

Nem preciso dizer que minha mãe e todas essas atitudes eram o oposto ao narcisismo, não é?! Aliás, nós vivemos literalmente uma epidemia narcísica, na qual a própria sociedade é narcisista. O oposto do Narciso é aquela pessoa que vive sob a luz e os mandamentos do próprio Cristo, que disse para amar o próximo como a si mesmo. A pessoa que vive isso, vive a vida que vale a pena ser vivida, ou seja, a vida pelo próximo; a vida vivida por Cristo e pelo amor que Ele ensinou. A vida em que, ao chegar no último suspiro, é possível dizer que valeu a pena. Minha mãe viveu isso plenamente.

Eu já vi minha mãe sem forças nem mesmo para falar, mas se fosse para me corrigir, ela falava - e como falava! Em todo o período em que ela estava doente, obviamente ela precisou se manter mais afastada, ainda que fizesse sempre o melhor para cuidar de nós. Mas esse cuidado não era o melhor de todos - lógico - afinal, fugia da capacidade dela certas coisas!

Lembre-se que ela estava muito doente. Foi nesse período que a minha irmã engravidou, aos 15 anos, de um rapaz que morava em nosso bairro, não tinha emprego e era só um menino com menos de 18 anos.

Ao saber da gravidez, minha irmã precisou parar de frequentar a escola e ficar sob os cuidados mais intensivos possíveis da minha mãe (o melhor que ela podia cuidar naquele momento). Minha irmã chegou a se casar com o moço, mas é claro que não deu certo... O fato é que a gestação seguiu e, quando a criança nasceu, eu acabei vivendo como se eu tivesse duas irmãs, já que a minha irmã, de fato, cuidando de uma recém nascida, era como uma criança cuidando de outra.

Nasceu, então, Nathalia, minha sobrinha, que considero como irmã, pois fomos criados juntos. Minha irmã, depois, entrou em outros relacionamentos, tendo mais filhos sem planejamento e acabou sofrendo ainda mais. Claro, eu via tudo aquilo acontecendo e continuava com o desejo de gritar, bater em todo mundo e fazer parar. Era a minha irmã, a loirinha mais linda que já vi, sofrendo nas mãos não só de um, mas de diversos narcisistas, aproveitadores e pessoas de mau caráter.

Por muito tempo, enquanto criança e adolescente, eu não entendia o porquê minha irmã não ouvia meus conselhos. Sim, eu já a aconselhava com sete ou oito anos de idade. Dizia para que ela estudasse e trabalhasse, para parar de procurar novos namorados. Como ela não seguia, eu me revoltava muito, mas hoje eu entendo que a dor da minha irmã era a dor da rejeição e do abandono, desde o ventre da minha mãe. Lembra? Por isso, hoje eu a perdoo e a compreendo. Mais à frente, falarei mais sobre essa dor do abandono e da rejeição, pois, como você pode perceber, eu também sofri com ela, a superei e, hoje, posso dizer que quero que você também a abandone de vez, porque é ela que que faz você se conectar a pessoas abusivas, distantes, indisponíveis e narcisistas.

Mas enfim, esse foi apenas um parênteses que eu abri, para que você conheça minha história, de fato! Então, agora, éramos quatro: eu, minha irmã, minha sobrinha e minha mãe. Ah, claro, dois cachorrinhos: Tico e Titiquinho. A essa altura, Perneta e Nega já tinham nos deixado. E minha mãe, doente, para sustentar a todos.

Podia piorar? Ah, sempre pode, principalmente antes de melhorar.

Um dia qualquer, aleatório, eu pedi para a minha mãe colocar um prato só com feijão para que eu pudesse comer - eu amava feijão! Foi naquele fatídico momento, sentado ao chão do corredor da casa, comendo meu feijão, que eu tive a minha primeira crise convulsiva.

Deu tempo apenas de avisar a minha mãe sobre o que eu estava sentindo, que a falta de ar me fez perder todos os meus sentidos e eu tive ali, nos braços da minha mãe, uma crise convulsiva. O que ainda não sabíamos é o que estava por vir, porque depois daquela crise, eu comecei a ter muitas outras, sucessivamente, várias vezes ao dia. Assim se seguiu, sem ninguém saber o que eu tinha.

Imagine a cena: uma mulher doente, que mais parecia um fantasma, carregando um menino desfalecido nos braços.

A partir daí, eu passei a ir em vários médicos, fazer diversos exames e frequentar diversos especialistas, na busca de diagnosticar, finalmente, o que era aquilo que me fazia ter falta de ar e crises convulsivas. Ninguém conseguia diagnosticar e saber o que eu tinha, e então a minha vida passou a ser essa: eu e minha mãe doentes, minha irmã com uma criança recém nascida e a maior parte do nosso tempo sendo gasto dentro de um hospital.

Sem renda, amigos, parentes ou qualquer tipo de ajuda, era tudo vencido na força dos braços da minha mãe, que até hoje eu não sei como conseguiu!

Aqui eu quero abrir um parênteses, leitor, para destacar a força da minha mãe. Toda honra e glória sejam dadas ao Senhor Jesus Cristo, mas minha mãe demonstrou durante todo esse tempo, uma força absurda.

Mesmo muito doente, ela conseguiu manter e sustentar a nossa casa, muitas vezes pedindo e implorando por ajuda, e mesmo precisando vender coisas de dentro de casa, para que nós não passássemos fome.

A minha mãe jamais deixou que eu e minha irmã passássemos fome, mesmo que para isso, ela precisasse passar. Inclusive, eu já vi essa cena, dela ficando sem comer para que pudesse sobrar comida para mim e para a minha irmã. Esse parênteses que eu quis abrir aqui é pra dizer que a minha mãe é o melhor ser humano que eu já conheci em toda a minha vida; alguém que abre mão de necessidades básicas dela mesma para servir ao outro. Minha mãe é o maior exemplo que eu tenho de amor ao próximo, de serviço e de fazer pelo outro!

Fechado este parênteses, continuo contando a minha história. O fato é que fiquei nessa vida de ir a vários médicos e nenhum deles descobria o que eu tinha. É claro, de crise em crise eu fui definhando: ficando cada vez mais magro e mais adoecido. Consequentemente, minha mãe também ia adoecendo junto, até porque ela já estava doente, recuperando-se de uma grave doença. Ela precisava cuidar de mim, mesmo estando naquele estado.

O bar estava falido e minha mãe recorria a todo tipo possível de ajuda, já que não tínhamos mais nenhum bem. Para piorar, a família do meu pai estava nos ignorando e quando eu ligava para a minha avó, mãe dele, ela dizia que não tinha nenhum neto e por isso nem falar comigo ela ia. Tudo isso piorava ainda mais nesse momento que já estava sendo muito ruim.

É importante dizer que não guardo ressentimento algum em relação à minha avó, mãe do meu pai. O presente mais significativo que recebi dela foi a dádiva da vida de meu pai, e, por sua vez, o maior presente que meu pai me deu, foi a minha própria vida! Então eu realmente não guardo mágoas em meu coração em relação à minha avó; pelo contrário, agradeço profundamente por ela ter desempenhado um papel fundamental em minha história.

Mais do que não guardar ressentimento, eu ainda glorifico a Deus pela vida da minha avó e pela vida do meu pai. Aliás, eu estendo essa gratidão à toda família dele - minhas tias, tios e todos os outros parentes. Sinto um imenso orgulho por ter o sangue deles fluindo em minhas veias e carregar o sobrenome Vieira, que é herança deles. Mais do que isso, tenho orgulho das dificuldades que enfrentei, já que elas, mesmo sendo proporcionadas por eles, serviram para me guiar ao propósito que vivo hoje. As dificuldades nunca são para nos fazer mal, elas são um aviso: seu caminho não é aqui, mude a rota. Só sofremos quando insistimos em ficar no caminho errado, teimando em permanecer na dificuldade.

Hoje eu reconheço e agradeço a Deus por todas as adversidades que enfrentei ao longo do caminho. Essas dificuldades foram, muitas vezes, lições valiosas que moldaram o meu caráter. Agradeço e glorifico a Deus pelas feridas que foram abertas, pois cada uma delas contribuiu para o meu crescimento e, de certa forma, inspirou até mesmo a escrita deste livro que está em suas mãos!

Gosto muito de me inspirar na história de José do Egito, presente no livro de Gênesis, na Bíblia. Vendido como escravo pelos irmãos, ele se tornou o governador da maior nação do mundo. Quando teve a oportunidade de se vingar deles, disse: por acaso eu sou juiz? Vocês não fizeram nada contra mim. No fundo, nem foram vocês que me venderam. Deus permitiu que eu fosse vendido para que hoje eu estivesse onde estou e alimentasse vocês. No fundo, não fui vendido, só fui enviado primeiro ao Egito.

Minha família foi uma ferramenta essencial em minha jornada, e hoje posso refletir com gratidão sobre como as experiências moldaram quem eu sou. Cada obstáculo foi um capítulo, e cada ferida aberta foi uma página que me impulsionou a contar a minha história. Sem eles, eu não escreveria este livro, não seria quem sou. Eles não me venderam, Deus permitiu que eu fosse vendido para, hoje, exaltar a história deles. Se não fosse por essa história que parece triste, talvez a história da minha família nunca viraria livro nem inspiraria outras famílias. Entende? Deus sempre transforma o mal em bem.

Agradeço e glorifico a Deus por tudo que vivenciei ao lado deles, pois cada desafio foi uma oportunidade de aprendizado e crescimento.

Como dizia Einstein: há duas formas de ver a vida. A primeira é como se nada fosse um milagre. A segunda é como se tudo fosse um milagre. Eu escolhi a segunda!

Voltando à história da minha doença, quero contar que vivi um momento marcante em meio as minhas frequentes crises de convulsões. Na época, meus avós maternos, que eram frequentadores da Congregação Cristã no Brasil há mais de 50 anos, decidiram passar a noite na casa da minha mãe para que ela pudesse descansar.

Nessa noite eu tive uma crise intensa de convulsões e a minha avó, mulher de muita fé, me segurou nos braços e fez uma súplica ao Senhor: *"Senhor, se tenho crédito Contigo, não peço pela cura do meu neto, mas peço para que envies um médico capaz de descobrir o que ele tem"*. Surpreendentemente, após esse momento de oração, não tive mais nenhuma convulsão naquela noite.

No dia seguinte, as crises retornaram. Lembro-me da sensação de fraqueza ao chegar nos braços da minha mãe, dizendo a ela que algo não estava bem. Naquele dia, ela me levou novamente ao hospital, onde um jovem médico recém-formado cruzou meu caminho. Lembranças desfocadas de seu sorriso branco e uma aura singular ficaram gravadas na minha memória.

Esse médico olhou para minha mãe e, com seriedade, me deu um diagnóstico: epilepsia.

Com toda a dedicação que seu trabalho exigia, ele realizou os primeiros tratamentos e me encaminhou para um especialista. Repeti os mesmos exames pelos quais já havia passado, mas, desta vez, o diagnóstico foi confirmado, e nós finalmente descobrimos que eu tinha epilepsia. A oração da minha avó, dona Ana, foi ouvida. Sim, ela tinha muito crédito no céu.

Assim, dei início a um tratamento. Para te situar no contexto, leitor, você precisa saber que em 1995, as opções terapêuticas eram muito limitadas, e os avanços atuais estavam longe de serem alcançados. Naquela época, quase não existiam terapias especializadas como hoje. Aliás, hoje existe um grande progresso nos tratamentos para doenças neurológicas, o que é ótimo!

Para o tratamento inicial, eu precisava tomar alguns medicamentos e naquela fase eu tinha uma sonolência intensa. Meu padrão de sono era muito afetado, indo para a cama cedo e acordando bem tarde. Naquela época, a minha mãe queria muito que eu frequentasse a escola. Então, ela solicitou uma carta ao médico, pois a escola não queria aceitar a responsabilidade de um aluno sob medicação controlada. Mas, apesar das dificuldades, conseguimos a carta e eu pude frequentar a escola. Nisso eu já estava com oito anos e nem sabia ler ou fazer contas básicas.

Para todos, eu seria burro (e só estou transmitindo exatamente o que diziam).

Durante esse período, o médico deixou claro para a minha mãe as preocupações sobre meu futuro acadêmico, dizendo que meu problema neurológico poderia limitar meu desenvolvimento intelectual. Além disso, o médico alertou que, após os 12 anos, eu me tornaria completamente dependente e ainda sugeriu a possibilidade de retardo mental e até mesmo de morrer, caso não tivesse alguém por perto em uma possível crise. Naquele momento, nós acreditamos em tudo aquilo.

De qualquer forma, o médico queria transmitir à minha mãe a seriedade da minha doença, enfatizando as dificuldades que eu poderia enfrentar devido às frequentes crises de convulsão. No entanto, o tempo mostrou que, com o avanço da medicina, essas previsões iniciais eram excessivamente pessimistas. Hoje, é possível se viver com epilepsia com qualidade de vida, a depender de cada caso.

Quando eu lembrava do período em que não tomava medicamentos e enfrentava múltiplas crises ao longo do dia, era evidente que as palavras do médico se faziam verdadeiras. A doença, de fato, se tornou um obstáculo significativo, obrigando-me a interromper meus estudos por mais de um ano.

Quando finalmente iniciei o tratamento medicamentoso, uma nova realidade se estabeleceu, marcada por um sono prolongado de mais de 12 horas por dia. Confrontando a realidade de como a doença afetava minha vida, percebi a necessidade de um esforço redobrado.

Além do ambiente tumultuado em que sempre estive imerso, a questão da doença trouxe consigo um bloqueio intelectual. Um exemplo que eu dou é a minha dificuldade em lidar com disciplinas, como matemática. Mas é claro, eu reconheço com gratidão a Deus, pois essa limitação me incentivou a direcionar minhas energias para aquilo em que verdadeiramente sou habilidoso: criatividade, interação humana, escrita, palestras e outras atividades relacionadas à comunicação.

Depois do diagnóstico, o que me restava era seguir o tratamento, esforçar-me mais e aguardar. Lembro-me perfeitamente das palavras do médico, alertando que até os 12 anos eu precisaria aprender e desenvolver o máximo que eu pudesse, pois após esse período, os medicamentos poderiam exigir doses mais elevadas, tornando-se mais potentes, e o risco de retardamento mental e morte aumentaria.

Eu tinha muito claro, para mim, um prazo de vida: 12 anos de idade.

Consciente desse prazo, aguardei. Eu sabia que a minha janela de oportunidade estava se fechando. O ciclo de queda havia terminado. Uma mãe anêmica e com uma quase leucemia, uma irmã com gravidez precoce, uma casa sem comida, com a energia e a água cortadas, sem amigos, poucos familiares, devendo muito e sem probabilidade de melhoras a curto prazo.

Consegue perceber o estado que narcisistas te deixam ao sair da sua vida?

Daria para piorar? Sim, mas foi então que Deus entrou na história e tudo começou a mudar!

DEUS TINHA UM PROPÓSITO PARA A MINHA VIDA

Vivi um período desafiador. Período marcado pela doença que me afetava, a saúde da minha mãe, que estava à beira da morte, e minha irmã enfrentando uma gravidez aos 15 anos.

Hoje, reflito sobre a vida e acredito que há momentos em que precisamos encontrar forças em nós mesmos e ter determinação para superar desafios e dificuldades. No entanto, também reconheço que existem momentos em que devemos simplesmente entregar nossas vidas a Deus e confiar.

Hoje, minha convicção é que Deus permite que enfrentemos situações para que possamos nos voltar para Ele. As feridas que carregamos tornam-se instrumentos de cura para as feridas de outras pessoas, e é apenas na proximidade de Deus que conseguimos enxergar essa perspectiva. Somente perto de Deus conseguimos deixar de lado nosso ego e perceber que ele não é prioridade. O ensinamento de Jesus nos instiga a compreender que nossa vida é um instrumento para manifestar a glória e o poder de Deus, contribuindo para a mudança e melhoria da vida de outros.

A ideia de que minha vida não é minha se confirma com as palavras de Paulo em uma de suas cartas: *"Não sou eu que vivo, mas Cristo que vive em mim"*. Isso é uma consciência do ego muito interessante.

Na psicanálise, a gente analisa que o ego bem desenvolvido, é aquele que não busca o mérito da autoria. E o que Jesus diz através de suas palavras é exatamente isso: viva e use sua vida para glorificar algo que esteja fora de você, no caso, o Pai. O próprio Jesus dizia que ele vivia aquelas coisas ruins, não para que ele fosse glorificado, mas *"para que o Pai, que vive em mim, seja glorificado"*.

Jesus, ao dizer que *"o Pai está em mim, e eu estou no Pai"*, mostra a consciência do ego que ele cultivou enquanto esteve aqui. Se até Ele teve essa consciência, por que nós, meros mortais, não permitimos que nossas vidas sejam usadas para a honra e glória de Deus, e para a exaltação Dele através da salvação de mais vidas?

Se não cultivarmos essa perspectiva em nossas vidas, corremos o risco de nos tornarmos seres egoístas, egocêntricos e narcisistas, pois a raiz do narcisismo é a recusa em aceitar que existe algo além de si mesmo. Minha vida, para mim, não existe apenas em função de mim, mas também para servir a Deus e aos seus filhos. Eu vivo para servir à missão que Ele me propôs.

Esta é, inclusive, uma crítica que eu faço em relação às terapias atuais. As abordagens muitas vezes induzem as pessoas a focarem excessivamente em si mesmas, reforçando apenas o próprio ego. As terapias atuais são as maiores criadoras de narcisistas no mundo. Abordagens que incentivam a reflexão e o autoconhecimento são fundamentais, mas, quando isso leva a um reforço excessivo do ego individual, pode criar uma sociedade mais voltada para o narcisismo. Psicanalistas, terapeutas e psicólogos têm trabalhado o conceito do reforço do ego e isso faz as pessoas serem cada vez mais narcisistas. Enfim, essa é uma crítica dentro de um assunto que vou falar no próximo capítulo.

Vou continuar contando a história do momento em que eu entendi que a minha vida era limitada e, assim, fui forçado a refletir sobre a minha existência e o papel da minha vida. Isso eu fiz quando tinha apenas oito anos de idade.

Se você é um leitor atento, vai se lembrar de que houve um momento em que eu, deitado na varanda olhando as estrelas, pedi a Deus para que ele mudasse a minha vida, lembra?

Acontece que muitas vezes a gente pede para Deus mudar nossa vida, achando que vamos sair de uma condição ruim e ir para uma condição melhor. Mas a realidade não é exatamente assim: muitas vezes a gente sai de uma condição ruim e vai para uma pior ainda, para que possamos pegar impulso no fundo das águas e no fundo do poço, para conseguir sair daquela situação. E mais: às vezes, saímos da condição ruim para um pior para que possamos zerar a relação com a vida anterior. A morte do meu pai foi isso, uma quebra com o passado, um zerar de tudo para começar de novo. Doeu? Muito, até porque nós temos a tendência de nos acostumarmos ao que dói ou ao que é ruim. Quando isso vai embora, sofremos.

Então, eu vejo que essa doença me fez cair no fundo do poço para pegar impulso. E o impulso veio de uma pessoa que tinha seu ego muito bem definido e levava sua vida com as palavras de Jesus, de viver pelo outro. Essa pessoa se chama Ronaldo.

Na época, Ronaldo era um jovem missionário e pregador. Ele não tinha um título de pastor, mas ele era um pastor de ovelhas por essência. Na época, ele devia ter cerca de 18 anos e usava sua própria vida para abençoar outras, mesmo que sua vida não fosse fácil. Mas já já eu falo dele.

Certo dia, minha mãe estava chorando em frente de casa, quando passou um travesti. Há 30 anos, as pessoas que se assumiam travestis eram muito hostilizadas. Mas minha mãe se tornou amiga desse travesti, não pelo que os olhos viam, mas por sua habilidade em enxergar além, na alma, captando a essência das pessoas. Eu faço questão de mencionar que ele era travesti justamente para que pessoas que se julgam maiores, melhores ou superiores a outras pelo que elas aparentam saibam que nós não temos esse poder e que Deus habita e sempre habitará em seres humanos. Mais do que isso: ele usa e quem ele quer, pois ele não vê o homem como nós vemos, ele vê o coração.

Naquele dia, enquanto minha mãe chorava, o travesti - que se chamava Levi - se aproximou e perguntou gentilmente a ela, o motivo de sua tristeza. Compartilhando sua história, minha mãe foi conduzida por Levi até a igreja, onde teve o privilégio de conhecer Ronaldo. Era uma tarde de sexta-feira, na Assembleia de Deus do bairro Profilurb, em Americana, e Ronaldo, um jovem missionário, proferia suas palavras.

Quando Ronaldo viu minha mãe, estendeu as mãos para acolhê-la, mesmo sendo apenas um jovem. Minha mãe, então, foi me buscar na Escola Estadual Bento Penteado dos Santos, no mesmo bairro, e me conduziu à igreja. Foi Ronaldo quem compartilhou suas palavras comigo. Naquele momento, ouvi pela primeira vez sobre Deus e Jesus de forma mais clara, sobre os milagres que Jesus realizava, curando e transformando vidas. Quando perguntaram para a igreja quem desejava aceitar Jesus, levantei a mão prontamente. Como eu não poderia aceitar alguém que curava tanta gente? Que salvava, não julgava e ainda amava a todos? Eu não só aceitei, mas senti que sempre o esperei.

Sim, leitor. Quem apresentou o evangelho para a minha família foi um travesti, chamado Levi, rejeitado e julgado por todos, mas amado e usado por Deus. Eu nem vou me estender muito sobre a questão do julgamento, pois isso será tema de outro livro que pretendo lançar, mas quero glorificar a Deus pela vida do Levi e dizer: muito obrigado, meu amigo.

Assim, em oração, relatei a Jesus sobre o diagnóstico da minha doença e a possibilidade de retardamento mental ou morte depois que eu completasse 12 anos. Prometi a Jesus que, se fosse curado até essa idade, dedicaria toda a minha vida a contar esse milagre e a falar Dele para as pessoas. Minha existência seria um meio de abençoar outras vidas. Naquele momento, fiz a promessa de viver pelos outros, de viver para aqueles a quem Ele ama.

Tem um trecho na Bíblia que diz: *"Um dia vocês me deram de comer; um dia vocês me deram de beber; um dia vocês me cobriram; eu estava com sono e vocês me deram um lugar para dormir… Em verdade vos digo que, se um dia vocês fizeram alguma dessas coisas para alguns dos meus filhos, era para mim que estavam fazendo."*

Ali, naquele instante, compreendi que estava testemunhando o cristianismo e a manifestação de um ego que estava além de mim. Era a ausência de uma inclinação narcisista que me limitasse a olhar apenas para mim mesmo. Naquele momento, declarei que, se Jesus me curasse, eu viveria para esse propósito.

E eu disse exatamente assim: Jesus, meu pai fez uma promessa de vida para mim que eu nunca concordei, sequer fui consultado. Agora, eu faço a minha, que vem da minha vontade. Se o Senhor me curar, a minha vida será dedicada ao Senhor.

Quando eu levantei da minha oração, Ronaldo dirigiu-se a mim e disse a todos: *"Esse menino acaba de fazer uma promessa, e Deus me revelou essa promessa. Deus me ordenou dizer que, aos 12 anos, você estará curado."* Todos sentiram a presença divina naquele momento, e foi verdadeiramente maravilhoso. Eu me agarrei àquela promessa como minha única esperança de vida!

A partir disso, minha vida passou a ser dentro da igreja. Minhas referências mudaram, meu estilo de me vestir mudou, minha mentalidade evoluiu, meus amigos, minha rotina... Enfim, tudo passou a girar em torno da igreja. Ali, o que mais absorvi – e sei que falar isso vai fazer com que eu receba muitas críticas – foi que, para muitos, religião e espiritualidade são incompatíveis com a psicanálise. Mas, querido leitor, acredito que essa percepção está muitas vezes vinculada ao lado narcisista, que impede essas pessoas de reconhecerem as semelhanças, olhando somente para elas mesmas e para as suas decepções com a figura paterna, que se manifesta na decepção com o Pai apresentado pela religião. Conteúdo seu, eu diria! Afinal, se a psicanálise fala do ser humano, a religião e a espiritualidade também falam.

Vou fazer mais uma provocação: Freud foi o maior cristão de todos os tempos, sem ele mesmo saber disso. Sim, leitor! É isso mesmo que você leu, Freud foi quem mais pregou a palavra de Deus, o perdão e salvação das aflições da alma. Freud foi um dos grandes profetas cristãos que já existiu. Sei que com essa afirmação eu estou até mesmo irritando muita gente, mas no final deste livro, alguns capítulos a frente, eu vou explicar o porquê estou dizendo isso, e você vai entender. E vou além: eu vou convencer as pessoas que não acreditam nisso, a acreditarem também, que Freud foi um dos maiores cristãos da humanidade, sem ele mesmo saber disso. Afinal, ele olhava o ser humano além das aparências. Alguma semelhança com Jesus?

Voltando à história; naquele momento eu me apeguei àquela promessa que fiz na igreja, e passei a viver intensamente lá dentro. E foi dentro da igreja que absorvi valores que a psicanálise luta para cultivar e entender. A igreja se tornou uma grande escola, ensinando-me a não cultivar um lado narcisista.

O narcisista quer tudo para si, do seu jeito, com suas vontades. No entanto, a espiritualidade nos ensina a clamar: *"Seja feita a Tua vontade, assim na terra como no céu"*, ou seja, a vontade de Deus. *"Consagre todos os seus planos ao Senhor, e Ele te conduzirá ao sucesso"*. Na igreja, aprendi como superar o narcisismo por meio da espiritualidade. Vou explorar mais detalhes sobre isso no último capítulo.

A psicanálise, a psicologia, a neurociência, a psiquiatria... Todas essas disciplinas são insuficientes para tratar as profundezas da alma humana como a palavra de Deus. É verdade que alguém pode frequentar a igreja e ainda assim enfrentar desafios emocionais, porque a psicologia, a psicanálise e afins, são extremamente necessárias. Mas é importante entender que essas abordagens são insuficientes se não estiverem acompanhadas pela palavra de Deus. O ponto é: já imaginou se elas se unirem à espiritualidade? Mente e espírito são, não há nada melhor.

Ao longo da minha experiência como psicanalista, observei que 100% dos meus pacientes que despertaram para a espiritualidade, encontraram cura e não precisaram mais de terapia. Mas aqueles que resistem à espiritualidade tendem a retornar, mesmo que experimentem melhora instantânea. Resumindo, a complementaridade entre abordagens psicológicas e a orientação espiritual é fundamental para alcançar uma cura completa!

Para terminar essa história, devo contar que eu continuei na igreja por todo o tempo. Lá, aprendi a cantar, trabalhar para Deus, pregar, orar, ter espiritualidade e usar tudo isso em prol de Jesus.

Aos 12 anos, eu fiz exames para trocar remédios e, como era de se esperar, o médico nos disse o que já sabíamos sobre o futuro - e, de fato, já tínhamos essa compreensão. Após os exames, voltamos para casa, e minha mãe estava muito triste, chorando demais.

Ao chegarmos em casa, realizei um ato de fé que não aconselharia ninguém a fazer, mas que, naquele momento, movido pela fé que tinha tomado conta do meu coração, decidi realizar: minha mãe sentou-se na cama, e eu, da porta da cozinha, conseguia vê-la chorando intensamente. Perguntei-lhe por que estava chorando, e ela respondeu que era porque eu poderia morrer ou ficar retardado. Ela expressou o medo de me perder. Foi nesse instante que uma fé profunda se apossou do meu coração.

Como você deve ter percebido alguns parágrafos acima, eu tinha uma grande admiração pelo Ronaldo, e naquele momento me senti tão forte quanto ele. Então, abri o armário de medicamentos, peguei todos os remédios que tomava e os joguei no lixo.

Minha mãe ficou desesperada, dizendo que eu estava louco, mas eu, em nome do Senhor Jesus, pedi que ela não interferisse na minha fé. Acreditava que Deus havia prometido minha cura aos 12 anos, e, como já tinha completado essa idade, proclamei que estava curado. Decidi que não tomaria mais nenhum medicamento, pois agora era uma questão entre mim e Deus. Minha mãe, mesmo preocupada, não interferiu, e passei cerca de 30 dias sem tomar os medicamentos.

Quando os resultados dos exames saíram, retornei ao médico e contei que estava há 30 dias sem os remédios. O médico, certamente, disse que aquilo era loucura e ficou muito bravo. Ele considerou minha atitude insensata e criticou minha mãe por permitir que eu fizesse isso. No entanto, ao analisar os resultados, ele colocou a mão direta na boca, coçou a cabeça, revirou os papéis e disse:

- Acabou. Você está curado!

A doença havia simplesmente desaparecido! Glória a Deus nas alturas!

O fundo do poço já estava distante, e agora eu tinha um milagre para contar.

A partir desse momento, comecei a percorrer diferentes igrejas, compartilhando minha história e testemunhando o poder de Deus. Minha missão era levar a palavra de Deus para curar e salvar o máximo de pessoas possível, restaurando lares, famílias, casamentos e, principalmente, as vidas daqueles que sofrem com a rejeição.

Queria ser para os outros o que Ronaldo foi para mim; o que minha mãe representou em minha vida, preservando e salvando minha vida. Essa, leitor, é a razão pela qual continuo vivendo até hoje!

Daria para piorar? Depois que Deus entra na história, ela só melhora. Chega de derrotas, é hora de inspirar e resgatar quem está no fundo do poço.

Ou, como digo nas minhas mídias sociais, todos os dias alguém desiste de viver. A minha missão é que não seja você! Eu vivi para isso! Vamos?

TUDO TEM UM PREÇO

Eu recebi o milagre da vida, a graça de Deus e, assim, não haveria mais motivos para sofrer. Certo? Errado. O que eu quero que você perceba sobre a vida é que ela é e sempre será feita de batalhas, desafios e superações.

Eu venci a morte, mas ainda precisava enfrentar a vida.

E como é a vida? Bem, segundo o próprio Jesus, no mundo nós teremos aflições. Então, não há muito mais que esperar além disso. Se quisermos ter algo melhor por aqui, temos que investir muito tempo estudando, trabalhando, conhecendo a nós mesmos, evoluindo mentalmente e espiritualmente. Se fizermos tudo isso, ainda assim teremos muitos desafios. Agora, imagine passar por eles sem tudo isso? Há quem pague para ver...

Como eu disse, a morte havia sido vencida, era a hora de enfrentar a vida.

Depois da minha cura e superação dessa fase difícil da minha vida, iniciei outra etapa na qual, sem perceber - e quero que você, leitor, esteja ciente disso - me tornei uma pessoa emocionalmente dependente, carente e frágil, do ponto de vista emocional.

Apesar de eu ter sido vencedor em relação às batalhas que enfrentei, percebi que as experiências deixam marcas. Essa compreensão só se solidificou muitos anos depois, principalmente depois que eu entrei na psicanálise, que foi quando eu finalmente compreendi por que essas coisas aconteceram em minha vida.

Desde os meus 12 anos, quando aconteceu tudo o que narrei sobre minha cura, até aproximadamente os meus 30 anos, quando conheci a psicanálise, vocês começarão a observar na prática como as experiências desde o meu nascimento até os 12 anos se manifestaram em minha vida. Eu serei o objeto de estudo psicanalítico para que você possa se analisar e ver que as decisões da vida adulta são muito menos adultas do que pensamos.

Durante esse período - dos 12 aos 25/30 anos - mostrarei como tudo que aconteceu antes dos 12 impactou minha vida e, posteriormente, como consegui me libertar dos narcisistas que estavam presentes em meu caminho. O caminho para a autoconsciência também é um milagre.

Mais pra frente você vai perceber que todo narcisista necessita de um dependente emocional. Nessa dinâmica, o narcisista se alimenta do dependente emocional, e o dependente emocional se alimenta do narcisista. Ambos dependem um do outro para existir, pois enquanto o narcisista precisa de alguém que o adore, o dependente emocional precisa adorar alguém. É um ciclo interminável.

Na minha história, como não sou narcisista, acabei me tornando dependente emocional. Aliás, quase toda pessoa que não teve pai ou mãe vai se tornar dependente emocional.

Você verá como esse processo de tornar-me um dependente emocional se desdobrou, quais foram os prejuízos que isso trouxe e quão difícil foi para mim, para perceber as dificuldades que enfrentei, até ser guiado por essa jornada de autoconhecimento.

Agradeço a Deus por me dar a força necessária. Então, vamos lá: vou compartilhar com você o que vivenciei nesse período até a jornada do autoconhecimento.

Bem, quando recebi o milagre, estabeleci um propósito de viver para Deus e para as pessoas. No entanto, eu não tinha percebido que, por trás desse propósito - devido ao meu histórico de trauma, rejeição e desvalorização - havia também uma espécie de dependência emocional.

Não há nada de errado em viver para Deus e para as pessoas, mas eu até então não tinha percebido que, por trás desse propósito, existia uma fragilidade em mim. Na verdade, quando eu dizia que queria viver pelas pessoas, no fundo eu queria mesmo era ser aprovado e aceito por elas. Assim, não apenas passei a dar a minha vida e viver pelas pessoas, mas sim, deixei de ter uma vida própria. Dar a vida pelos outros pressupõe que você tenha uma vida para oferecer. O que aconteceu comigo é que coloquei um propósito sem ter uma vida para dar. Abandonei a construção da minha vida para viver a vida dos outros. Eu não estava vivendo pelos outros, mas vivendo a vida dos outros, o que são coisas diferentes.

Quero que você esteja atento a isso, leitor, pois essa é a receita para se envolver com um narcisista: você não vive por ele, mas vive uma vida que é dele, abre mão de suas coisas para abraçar tudo dele: gostos, histórias, família, etc. Você perde a sua própria identidade. Foi o que aconteceu comigo naquela época: eu acabei perdendo a minha identidade inicialmente.

Toda a história que compartilhei até agora foi linda, porque Deus me sustentou e me manteve vivo. Mas mesmo que Ele tenha me sustentado, não me poupou de experiências de dor que eu precisava enfrentar para crescer como ser humano e ajudar outras pessoas. A minha vida não poderia ser de milagres somente até os 12 anos, mas sim até que a termine.

Escrevendo este livro e sabendo que você, leitor, está absorvendo e aprendendo com essas histórias, consigo olhar para o que vou contar agora, que foi extremamente doloroso - eu diria que foi até mais doloroso do que tudo que vivi antes dos 12 anos - e posso dizer "glória a Deus!" porque tudo isso se tornou uma ferramenta de transformação de feridas em glória.

Voltando ao que eu estava contando antes, hoje consigo enxergar e reconhecer que eu não construí minha identidade, minha história e nem minha autoestima, pois essas são responsabilidades dos pais para com uma criança. No meu caso, se você lembra bem do início deste livro, eu não tive um pai para cumprir esse papel. Posso dizer que não tive nem uma mãe - entenda: minha mãe foi a melhor mãe do mundo para mim, mas ela estava preocupada em nos sustentar, ocupada em não morrer e não me deixar morrer. Então, quando eu digo que não tive mãe, é no sentido dessa criação de identidade; dessa atenção focada apenas na educação dos filhos. Todo esse tumulto teve um preço, e é esse preço que vou contar agora!

LIDANDO COM A DEPENDÊNCIA EMOCIONAL

Eu comecei a levar minha vida dentro da igreja, contando esse milagre e cumprindo o propósito que eu tinha feito a Deus. Quando paro para pensar, lembro que sempre tive dificuldade em saber quem eu era de fato e de me impor. Por exemplo, quando jogava futebol, eu abria mão de fazer um gol para deixar um amigo marcar. Eu preferia estar no time onde tinha amigos. Não conseguia jogar bem se não estivesse no time cheio de amigos; tinha que ter gente que eu conhecia e tinha amizade. Se estivesse em um time em que eu não conhecia ninguém, jogava mal.

Isso porque eu me sentia inseguro e dependia da aprovação das pessoas para me sair bem em todos os lugares. Essa necessidade de aprovação é característica de pessoas que são dependentes emocionais: preciso que outros me digam se sou bom, pois não sei quem sou. O dependente emocional parte do princípio de que ele tem que ser aquilo que os outros dizem que ele é.

Lembro que eu ficava triste e chorava muito se algum amigo não quisesse vir à minha casa, por exemplo. Eu queria ter um videogame apenas para que as pessoas quisessem ir à minha casa jogar. É claro que, quando tive um videogame, minha casa ficava cheia de gente. E aí sim eu me sentia seguro de mim, ainda que essas amizades nem fossem verdadeiras, mas sim, por interesse.

Tive grandes amigos e pessoas que me proporcionaram experiências positivas. Mas confesso que eu forçava muito algumas relações, porque eu percebia que essas pessoas eram seguras de si mesmas, e, como dependente emocional, eram o tipo de pessoa que eu buscava. Quando conseguia mantê-las por perto, me sentia bem. Então, eu via como obrigação mantê-las perto, e cada vez que não queriam ficar comigo, eu me sentia culpado.

Quando eu me arrumava pra sair, eu precisava que as pessoas dissessem se aquela roupa que eu escolhi estava boa ou não. A roupa, a combinação, o jeito de vestir... bastava uma pessoa fazer um comentário sobre a roupa ou o cabelo, por exemplo, que eu mudava. É claro: se as pessoas não aprovassem, eu não me sentia parte. Eu me sentia mal.

Na igreja, por exemplo, consigo ver que isso se manifestava muito quando eu cantava e não recebia nenhum elogio no final. Quando o pastor, ou algum líder, ou mesmo um irmão ou irmã não vinham me dizer que Deus tinha falado com eles através de mim, eu ficava mal, e às vezes não queria nem cantar mais.

Muitos podem pensar se essa atitude não é igual à do narcisista, que quer sempre estar no centro das atenções. Eu digo que sim, é igual. Até porque todo narcisista é também um dependente emocional, e explico melhor isso no capítulo em que falaremos como abandonar um narcisista. O fato é que todo narcisista é um dependente emocional, mas a diferença é que o dependente emocional sofre com isso e se pune, que era o que eu fazia. Já o narcisista, não: ele não aceita isso e faz com que as pessoas o adorem.

O narcisista sabe que é menor que todo mundo, então ele cria uma mentira e passa a achar que é maior que todo mundo e vai fazer com que as pessoas também achem isso. O dependente emocional, não: ele realmente acha que os outros são maiores do que ele. Na minha cabeça de dependente, todo mundo era melhor que eu, e eu deveria amar, compreender, abrir mão de mim mesmo e aceitar as falhas das pessoas, mas eu não podia falhar.

Acabei criando um senso de perfeccionismo, uma necessidade de agradar o tempo todo e de fazer muito pelas pessoas. Eu queria agradar, não me sentia merecedor de ser igual aos outros. E quando alguém me agradava e fazia algo por mim, eu tentava "recompensar". Achava que eu tinha que ser perfeito, do jeito que a pessoa queria, porque assim eu seria amado e aceito.

Eu agia assim com amigos, namoradas e com outras pessoas com as quais me relacionei. Eu não percebia, mas havia um comportamento de sempre elogiar muito, reforçar o amor que tinha por elas e tudo mais. No fundo, eu não estava sendo apenas romântico, mas sim, estava tentando impedir que a pessoa fosse embora e me abandonasse. Declarei e dei demais meu amor para algumas namoradas e não tive valor, por exemplo. Isso aconteceu muito no trabalho também. Sempre fui de fazer mais do que deveria ser feito.

Mas hoje eu vejo que cada pessoa que me feriu ou fez qualquer coisa que representasse experiências de dor para mim, foi um instrumento de Deus em minha vida, porque foi através de cada uma dessas pessoas que eu aprendi muito. Quero dizer que agradeço e amo cada uma dessas pessoas. Agradeço do fundo do meu coração por terem me feito quem sou hoje. Aliás, não se iluda: eu só consegui vencer todas as etapas da minha vida porque Deus teve uma misericórdia infindável de mim. Se não fosse isso, jamais estaria aqui e você deve ter percebido isso. Mas o que eu adoraria que você percebesse é que a mesma misericórdia que ele teve por mim ele tem por você, basta perceber. Entendeu?

No âmbito profissional, teve um lugar em que eu trabalhei, em que nossa eficiência era medida pela quantidade de máquinas que cuidávamos. Entrei nessa empresa com aquela sensação de "não merecimento", me sentindo pequeno e tudo mais. E me diga, leitor: como uma pessoa assim se comporta? A resposta é que ela se comporta com a mentalidade que diz "preciso fazer muito para merecer esse pouquinho que tenho." Essa é a receita básica do dependente emocional.

Lembro que entrei varrendo o chão e comecei a medir o quanto eu conseguia varrer em 10 minutos. Vi que eu conseguia varrer o dobro do necessário. Certo dia, um funcionário faltou, e precisei cuidar da minha área e da área dele. Dei conta. Meu chefe, Carlão, foi ótimo para mim, pois sempre me proporcionou experiências de dor (Isso mesmo, quando alguém lhe proporciona dor, ela está te ajudando a crescer. Compreende?).

O Carlão sempre me exigia muito, xingava e, por vezes, fez-me chorar. A diferença é que ele fazia tudo isso com uma boa intenção. Eu não entendia, mas ele via em mim um potencial que ninguém via, nem eu mesmo. Então, ele exigia cada vez mais, mas sempre reconhecia.

Vendo o meu esforço, ele me promoveu e me colocou para cuidar de uma máquina. Nesse contexto, eu medi a distância que percorremos por dia, e percebi que as pessoas andavam em média 5 quilômetros. Então, pensei: e se eu andar mais rápido e eliminar algumas coisas que me fazem perder tempo no trajeto? Então, passei a andar 15 quilômetros por dia e a cuidar de três vezes mais máquinas que o padrão.

Vendo tudo isso, eu comecei a ter resultados e, então, a fazer mais. Eu fazia muito, porque achava que eu não merecia receber um salário fazendo menos do que aquilo. Isso ajudou, de certa forma, naquele momento, afinal, Deus faz tudo certo em nossas vidas. Essa dependência emocional fez com que eu crescesse na vida; eu trabalhava muito, meu chefe reconhecia e me promovia a cada 6 meses, com aumento de salário. Por isso, Carlão é uma pessoa inesquecível em minha vida.

Ou seja, eu consegui transformar minha maior ferida, que era a dependência emocional, em minha maior glória! Profissionalmente, essa postura de dependente emocional foi guiada por Deus para se transformar em glória. Ela virou energia para vencer e produzir mais, sempre mais. Hoje, não possuo mais a dependência, mas continuo com a mesma energia e filosofia: entregar mais do que é esperado. Tem dado certo e ainda escreverei outro livro para mostrar a você como crescer na carreira usando as suas dores como energia para o crescimento. Percebeu que eu estou no meu primeiro livro, mas já tenho uns cinco engatilhados? É assim que eu vivo e é assim que você vence a dependência, o abandono ou a rejeição: ficando grande, maior que tudo aquilo que tentou te matar.

Do ponto de vista de relacionamentos amorosos, amigos e interpessoal, isso sempre me trouxe benefícios. A dependência emocional tem um benefício que é a aprovação das pessoas, e é por isso que as pessoas são tão omissas e se colocam tão abaixo dos outros. Mas você acaba vivendo uma vida que não é sua, e por fora está sorrindo, mas por dentro está se matando, gerando ansiedade, insônia, queda de cabelo, problemas de pele etc. Por não externalizar o que sente, joga para o inconsciente, e isso volta em forma de neuroses.

Freud mesmo já dizia que *"quando a boca cala, exprimem as pontas dos dedos"*. O corpo fala sempre!

Então, do ponto de vista pessoal, fui aceito pelas pessoas e tive os benefícios. Mas é claro, isso me consumia. Profissionalmente, também tive benefícios, mas não falar o que eu pensava era ruim. A diferença é que na profissão, eu pegava toda essa energia ruim e sublimava em energia boa, ou seja, eu fazia mais. Então, se eu conseguia andar 15 quilômetros ao invés de 5, era porque eu transformava os sentimentos ruins em energia para o trabalho. E isso voltava em forma de promoção e mais dinheiro. Mas e nos outros campos da vida?

Percebe como o dependente emocional cria uma espécie de "ganho e compensação"? Então, quanto mais as pessoas me rejeitavam, quanto mais me humilhavam, mais eu sorria; mais eu me fazia de bonzinho, mais eu era aceito (uma falsa aceitação). A consequência: mais eu me maltratava por dentro, e transformava tudo aquilo em energia para o trabalho.

Essa energia para o trabalho me motivou bastante e me trouxe resultados. Esse é o ganho do dependente emocional. Fui crescendo com isso, evoluindo.

Para finalizar o tema profissional, cheguei a me tornar mecânico de manutenção na empresa que mencionei, embora não fosse minha vocação. Mas é claro que eu usei toda minha energia para ser o melhor, entregando os melhores resultados, mesmo em trabalhos que ninguém queria fazer. Posso dizer que honrei essa profissão através do meu esforço.

Quando eu saí dessa empresa para me tornar estagiário de jornalismo em uma instituição que amei trabalhar, meu chefe na época disse que eu faria muita falta na empresa, pois, segundo ele, eu era "pau para toda obra". Naquela época, adorei aquele elogio, e hoje consigo entender por que eu fazia de tudo para agradar.

No restante da minha carreira, segui esse modelo de trabalho (fazer muito mais do que eu deveria, para agradar e me sentir minimamente merecedor) e ele me ajudou bastante. Fui agradando pessoas, fazendo sempre mais e mais. Como estagiário, nunca agia propriamente como estagiário, mas sim como um profissional já formado. Lembro-me de sair da faculdade de jornalismo falando dois idiomas, com três cursos técnicos extras, sendo o melhor aluno da turma, membro do melhor grupo, e ganhando até uma viagem da faculdade para Porto Seguro, na Bahia, já que eu tinha feito o melhor projeto de Trabalho de Conclusão de Curso.

Depois, trabalhei em algumas agências de comunicação, sempre seguindo esse modelo. Sempre elevava meu nível de entrega. Ao entrar em uma multinacional japonesa, a empresa tinha cerca de cinco projetos sociais, e, quando saí, entreguei com mais de 30. Sempre segui esse conceito e método de vida de entregar mais do que eu deveria. Tudo isso foi sendo reconhecido, até que fui convidado para trabalhar na Sicoob Cocre, lugar que mudou minha vida para sempre e onde me tornei gestor e executivo de Recursos Humanos.

Na empresa anterior, tive um grande mentor, Neto Mello, que me apresentou à psicanálise e ao conceito de autoconhecimento. Fiz um curso interno na empresa, comecei a me aprofundar na terapia psicanalítica e percebi que poderia ser um profissional da área de Recursos Humanos, mesmo sendo inicialmente da área de comunicação e marketing. Neto Mello foi e é uma das pessoas que mais admiro em minha vida, tanto como profissional quanto como ser humano. Ele me ensinou muito e é uma das grandes referências que eu tenho, tanto em termos de carreira quanto em termos de conduta pessoal.

Quando ele saiu da empresa, alguns meses depois, eu também saí, pois não fazia mais sentido ficar. Ele fez parte de promessas que recebi quando ainda estava no fundo do poço. Por isso, não poderia deixar de dedicar linhas a esse grande ser humano, um dos maiores que eu já conheci. Um grande amigo e mentor! E foi por causa dele que me tornei psicanalista e profissional de RH.

UMA EMPRESA, UM LÍDER E UM PROPÓSITO! COMO MEU TRABALHO ME TRANSFORMOU

Saindo da última empresa que mencionei, entrei na Sicoob Cocre, e é aí que Nivaldo Camillo entra na minha vida, sendo um divisor de águas.

Ele transformou minha vida, em termos de reconhecimento pela entrega que sempre tive. Antes do Nivaldo, o reconhecimento pelas minhas entregas existiam, mas dentro de um patamar esperado pelas empresas. Nivaldo mudou isso. Sabe por quê? Ele é exatamente igual a mim, intenso, de entregas extraordinárias, acima do esperado e totalmente inacreditáveis. Mais que isso: Nivaldo também teve uma vida dura, difícil e que pediu sempre mais para entregar pouco. Ele conta essas histórias em seu livro, "O Mundo Trata Melhor os Campeões", que também me inspirou a escrever o meu. Aliás, esse livro narra a história não só de um campeão, mas de um super campeão.

Quando Nivaldo chegou em minha vida, vi as mãos de Deus dizendo: é hora de te exponenciar! Em apenas um mês, passei de analista Júnior para analista Sênior, e Nivaldo me convidou para montar a área de comunicação, prometendo que eu seria promovido a gerente se eu conseguisse. Montei essa área e alcancei o cargo de gerente em oito meses. Meu salário mais que quadruplicou naquele ano. Percebe que eu plantei entregas exponenciais por anos da minha vida e que, através do Nivaldo e da Cocre, passei a colher? Glória a Deus.

É claro que, para fazer isso, precisei estudar mais e aprender mais, mantendo uma entrega elevada e um alto nível de dedicação. Quando assumi a gerência, iniciei o curso de gestão de pessoas na PUC-RS (eu já tinha pós-graduação em Administração de Empresas pela FGV), e ao mesmo tempo, comecei a fazer psicanálise, pois meu desejo era ser uma pessoa e um gestor como meu antigo chefe, Neto, que também era psicanalista, e ao mesmo tempo ser um líder e inspirar como Nivaldo.

Hoje eu falo que a minha vida se divide em "antes e depois" de Nivaldo, devido ao reconhecimento, aprendizado e incentivo que recebi. Como gerente, mantive um alto nível de entrega, levando a empresa de 0 para 16 projetos sociais. Saímos de um lugar em que a empresa nunca tinha aparecido na mídia, para se tornar super reconhecida em toda a região. Hoje, junto da minha equipe e de todos os colaboradores, posso dizer que construímos uma empresa que é conhecida nacionalmente, eleita como a melhor para se trabalhar no Brasil, com inúmeros selos de saúde mental, reconhecimentos nacionais e internacionais. Glória a Deus por eu fazer parte disso!

Para te situar no tempo, leitor, foi em paralelo a esse crescimento na Sicoob Cocre, eu iniciei a abordagem da psicanálise nas mídias sociais, o que me fez viralizar. Mais à frente, contarei como isso aconteceu.

Durante esse período, recebi uma proposta para ser gerente de Recursos Humanos em outra empresa, mas Nivaldo me convenceu a permanecer na Sicoob Cocre, apresentando a possibilidade de eu ser gerente dessa mesma área, lá. Aceitei na hora, pois já estava na empresa que amava e vi a oportunidade de assumir um setor de Recursos Humanos que já era estruturado. Não é cumprimento das promessas de Deus?

Aquele menino que nem viveria, agora cuida e transforma a vida de centenas de pessoas em uma das maiores e melhores empresas do Brasil.

Aqui, não posso deixar de mencionar o presidente Evandro Piedade do Amaral, outra referência que carrego comigo, pela perseverança, empreendedorismo, liderança firme e posicionamento. Em mim, há um pouco dele também, pois aprendo e sou desafiado todos os dias.

Atualmente, todos os líderes da empresa estão em uma formação humana, baseada na psicanálise, pois levamos a psicanálise para dentro da organização. Entendemos que um líder precisa entender tecnicamente o negócio, mas também precisa ser um "leitor de almas". O Brasil é um dos países mais ansiosos e depressivos do mundo, e isso se reflete nas empresas.

Peguei todas as minhas referências de líderes e grandes pessoas ao longo da minha vida, desde o primeiro emprego até minha mãe e pai, e levei isso para dentro do Recursos Humanos da Sicoob Cocre. Lançamos essa formação para mostrar que líderes precisam entender a mente humana.

Hoje, ocupo um cargo executivo dentro da empresa, o que me dá a chance de cuidar de feridas para que elas se tornem glórias. Se um dia não fui bem cuidado como ser humano, hoje tenho a oportunidade de cuidar e transformar as feridas das pessoas!

Lembra-se de José? É como me sinto hoje ao cuidar e contribuir para a vida de pessoas como Cris, Mônica, Heloísa, Laís, Nathalia, Hugo, Matheus, Elis, Ieda, Luciane e tantos outros que fazem parte da família Cocre!

Agora, vou começar uma parte do livro que vai te surpreender: as relações narcisistas que eu vivi no amor. Prepare-se! Você ficará chocado.

EXPERIÊNCIAS VIVIDAS EM RELACIONAMENTOS AMOROSOS

Então, vou compartilhar algumas experiências que tive com pessoas que, até hoje, não sei se eram narcisistas, mas que tinham comportamentos e atitudes narcisistas, além do meu pai. Talvez esse capítulo deixe você chocado, perplexo, atônito, principalmente por eu ser um especialista no tema, mas quero reforçar: foi justamente isso que me fez ser tão entendedor do assunto. A ferida sempre tem que virar glória! Então, prepare-se para mergulhar em um mundo que você não faz ideia que existe, o mundo narcisista!

Qual é a diferença entre uma pessoa narcisista e uma pessoa com atitudes predominantemente narcisistas? Basicamente, a primeira nunca mudará, pois nunca enxergará o seu erro. Já a segunda, poderá levar muito tempo, mas mudará, caso consiga enxergar seus erros.

No meu caso, acredito que nunca me relacionei com uma pessoa que tenha o Transtorno de Personalidade Narcisista, mas sim com pessoas que, naquele momento, viviam uma fase onde seus narcisismos estavam mais aflorados, por uma série de questões que explicarei no capítulo sobre como abandonar o narcisista.

Esse é um ponto importante: a maior parte dos meus pacientes chegam pensando que se relacionam com uma pessoa que tem o Transtorno de Personalidade Narcisista, mas, em sua maioria, são apenas pessoas com atitudes narcisistas.

Então, são pessoas que podem e vão mudar, mas ao longo do tempo e no período que elas acharem melhor. O que você não precisa é viver e esperar por isso, pois o estrago emocional que eles causam é igualmente pesado para a vítima.

Se a pessoa com Transtorno de Personalidade Narcisista nunca vai mudar, eu abandono mesmo! Se a pessoa com atitudes narcisistas vai mudar um dia, mas não sei quando, eu também abandono, e ela que mude longe mim para que eu mesmo não morra até essa mudança. Entende?

Até mesmo porque essa mudança de comportamento da pessoa com atitudes narcisistas, talvez, nunca ocorra ao meu lado. Ela precisa me perder para perceber, aprender e mudar. Assim, o "deixar ir" para esse grupo de pessoas se torna até mesmo um ato de amor. Eu deixo ir para que ela possa evoluir como ser humano. Ficar, muitas vezes, reforça esse narcisismo nela.

Eu quis fazer essa introdução para reforçar que as pessoas com atitudes narcisistas com quem já me relacionei amorosamente não são, em tudo, ruins. No fundo, depois de muito tempo, consegui entender que elas estavam, naquela época, perdidas em suas carências, vazios e miséria existencial. Nesse sentido, eu as encontrei em um período em que elas não estavam prontas para um relacionamento (e talvez nem eu estava). Assim, o que tivemos foi o que chamamos na psicanálise de "convergência de neuroses". Um trauma complementando, puxando e amplificando o outro. Foi tudo, menos amor.

Dentro de tudo isso, posso dizer que só as deixei para que elas pudessem crescer, evoluir e, claro, não me matar psicologicamente enquanto estávamos juntos. Hoje, eu as amo verdadeiramente, o que significa olhar de longe e entender que, ficar com elas, teria sido pior, pois eu reforçaria o narcisismo delas, e elas a minha carência. Saindo, eu permiti que elas encontrassem o caminho da evolução, eu permiti que elas encontrassem a Deus.

Quando e de que forma isso vai acontecer? Não faço ideia. Mas sei que elas encontrarão, pois são pessoas boas que tiveram atitudes ruins. E Deus é poderoso para transformar as pessoas.

Quero reforçar: isso não quer dizer que você, leitor, precise esperar essa evolução. Talvez ela nunca aconteça ao seu lado e você vai morrer emocionalmente caso persista nessa relação. É preciso deixar ir.

Outro acordo que quero fazer com você antes de começar a contar essas histórias é o de que eu não vou dizer quantos relacionamentos tive, muito menos direi o nome das pessoas, situações ou qualquer tipo de informação que possa levar você a imaginar quem pode ser essa pessoa. A minha intenção aqui não é crucificar, criticar ou falar mal de qualquer pessoa. Já disse e reforço: todas as pessoas que me relacionei até hoje são boas, embora suas atitudes em algum momento não tivessem sido boas comigo. Então, não falarei de um relacionamento específico, ou de dois, ou de três, quatro... Isso ficará na sua imaginação. Eu contarei situações, e as misturarei entre tempos, relacionamentos, lugares e pessoas. Não é um relato linear, cronológico, mas sim o relato de situações aleatórias. Misturarei no meio delas, também, situações que vivi ou que vi pessoas vivendo, histórias da minha clínica, pois o que mais importa aqui é o relato da situação em si para que você possa identificar atitudes parecidas no seu dia a dia.

Por último, se algum momento eu me referir a essas histórias e essas pessoas como "pessoas narcisistas", entenda: isso é simplesmente para facilitar a escrita e o nosso diálogo aqui. Eu já disse para você quem é a pessoa com transtorno de personalidade e a pessoa com atitudes narcisistas. Ficar explicando isso toda hora vai deixar a sua leitura pedante e muito pesada.

Combinado? Então, vamos começar.

Em relacionamentos amorosos com narcisistas, é comum que eles só enxerguem a si mesmos dentro do relacionamento. Eu mesmo já passei por relacionamentos onde a pessoa me colocava sempre abaixo dela. Como um dependente emocional, eu reagia a isso de forma passiva, colocava a pessoa em um pedestal, acreditando que não conseguiria fazer nada sem ela. A pessoa narcisista, aproveitando-se disso, dominava minha vida.

Lembro-me de situações em que não podia nem torcer para o meu time do coração, porque a pessoa com quem me relacionava não gostava de futebol. Ela chegava a criticar as roupas que eu vestia, alegando que eram ruins. Houve situações em que essa pessoa me levou ao shopping para comprar roupas novas, pois, segundo ela, as minhas pareciam de "favelado". Eu chegava a achar que isso era um gesto de carinho, pois ela queria "me elevar". Mas a verdade é que essa pessoa desvalorizava o meu estado atual.

O narcisista age desvalorizando, fazendo você se sentir um lixo e, em seguida, tenta elevá-lo, mas sempre através dele. Ele deve ser a sua escada! Ele quer que todas as suas vitórias ou derrotas na vida estejam ligadas a ele, pois seu prazer está no controle - não no que você sente, mas no controle do seu sentimento.

Seria um ato de amor e carinho se a pessoa me levasse ao shopping e permitisse que eu escolhesse a roupa que eu quisesse para me sentir mais elegante. Mas a verdade é que não foi assim. A verdade é que essa pessoa dizia que eu andava mal, como um favelado. O estilo dela era o certo.

As roupas que eu usava eram de um estilo que eu gostava na época, com detalhes em algumas calças e camisas. Isso combinava com o que eu gostava. Essa pessoa me levou para comprar roupas novas para que não sentisse vergonha ao meu lado.

Se alguém realmente ama, não sente vergonha, independentemente de como o outro esteja vestido. Eu estava em uma situação na qual tentavam me fazer sentir submisso, um lixo, para que, através das mãos dessa pessoa, eu me sentisse valorizado. Uma vez que me sentisse valorizado, eu nunca mais ia querer estar longe dela.

Eu aceitei as roupas novas que ela queria, comecei a me vestir da maneira que a pessoa gostava, mesmo que não me identificasse com aquele estilo.

Hoje, por uma necessidade da vida, só uso terno, tanto no trabalho quanto fora. Quando estou em um lugar mais descontraído, ainda sigo um estilo clássico social. O que eu quero dizer com isso: hoje isso faz sentido para mim, mas naquela época não fazia. Eu usava aquelas roupas e aquele estilo porque a narcisista com quem eu estava queria assim. Ela dizia que eu era brega, ridículo, e zombava muito de mim, chegando a dar risadas. Para deixar de ser zombado, aderi ao estilo que ela queria, mesmo não me encaixando e não me sentindo infeliz. Naquele relacionamento, tornei-me infeliz por achar que eu era inferior a essa pessoa e, por isso, aderia ao que ela desejava.

Tem outra história, de outro relacionamento, que acredito ser muito válida para narrar aqui, que é sobre usar a camisa do meu time favorito. Meu pai era um grande palmeirense; nasci em 1988, numa época em que o Palmeiras estava há quase 20 anos sem título. Quando cresci um pouco mais, em 1993, quando eu tinha cerca de 5 anos, o Palmeiras foi campeão. E, é claro, tornei-me palmeirense. A conquista do campeonato paulista contra o Corinthians, encerrando mais de 16 anos sem títulos, foi motivo de grande alegria. Lembro-me até hoje da festa que aconteceu por causa do Palmeiras. Eu era fã do Edmundo, que vestia a camisa 7. Assim, vivi uma década, até os anos 2000, em que o Palmeiras conquistou tudo o que podia e vivi momentos maravilhosos com meu time durante a infância.

Mas, claro, quando somos crianças, nem sempre temos plena consciência. Eu guardava camisas, pôsteres, e tudo relacionado ao Palmeiras. Com 12/13 anos, eu sempre estava com a camisa do Palmeiras, orgulhoso e apaixonado. No entanto, ao começar a me relacionar com a pessoa narcisista, anos depois, tudo mudou.

Eu não podia usar ou ter a camiseta sequer por perto. A pessoa dizia que eu estava "saindo da favela" e que, ao fazer isso, precisava abandonar os costumes da favela. Segundo ela, torcer para um time e usar a camiseta desse time era coisa de favelado. Disse que eu precisava subir de nível e parar de torcer pelo Palmeiras, e mais do que isso, parar de usar a camiseta e de falar sobre ele.

Quando questionei se poderia pelo menos continuar torcendo e guardar o uniforme, ela negou. Pediu para que eu jogasse fora, como se, ao usá-la, eu estivesse rebaixando meu nível. Aceitei, achando que eu era inferior e que ela estava certa. Joguei a camisa que eu mais amava no lixo, e essa pessoa conquistou terreno, ocupando um espaço considerável na minha mente. Chegou um momento em que eu precisei verdadeiramente deixar de torcer pelo Palmeiras. Veja, leitor, o que um narcisista é capaz de fazer!

Mais tarde ela me fez abandonar todos os meus livros, todos aqueles que eu amava, pois dizia que eles juntavam poeira e que ela não limparia. Porém, os livros dela estavam sempre lá na estante. Ela me deu uma meta: escolher três livros. Eu escolhi, mas ela devia ter uns 10... A justificativa? Os livros dela tinham sentido, significado afetivo. Os meus não. E eu aceitei.

Lembro-me de vezes em que o Palmeiras ia jogar, disputando algo importante, e eu queria muito acompanhar pelo celular, ou ligar a TV, o rádio, enfim: eu queria saber do meu time! E ela ficava me ofendendo, dizendo que eu não saía da favela, que eu não abandonava os costumes da favela. Mesmo assim, continuei acompanhando escondido.

Depois de alguns anos, o Palmeiras voltou a conquistar muitos títulos. Lembro até hoje de uma das finais de um campeonato em que o Palmeiras ia jogar e eu queria muito assistir. Foi só dizer do meu desejo, que essa pessoa me xingou, brigou comigo e ainda ficou uma semana sem olhar na minha cara. Detalhe: eu só tinha expressado o desejo de assistir ao jogo.

Quando finalmente decidi tomar uma atitude que eu queria e que dissesse respeito a mim, assisti ao jogo e comemorei muito. Fazia muito tempo que queria ver meu time ser campeão, e eu estava apenas torcendo.

Veja a situação em que eu estava, leitor: tive que fechar as portas e janelas para que ninguém soubesse que eu estava torcendo. Mesmo assim, essa pessoa ficou uma semana sem olhar para mim, apenas porque eu tinha torcido pelo meu time. Ela fazia campanha difamatória contra mim, dizendo que eu saía da favela, mas a favela não saía de mim, e outras coisas mais que ela dizia, só para me rebaixar.

Assim, no dia em que realmente resolvi assistir ao jogo, vivi uma mistura de emoções, entre a felicidade pelo meu time e a tristeza pela difamação que ela fez sobre mim.

Ela afirmava que minha essência era de favelado e que precisava me reeducar. Ela dizia que havia "pegado esse menino" - no caso, eu - para reeducá-lo, já que eu tinha uma essência de favelado. Fazia questão de afirmar que tinha apenas "me aceitado", pois eu era favelado, sem pai, sem mãe – embora sempre tivesse uma mãe. Inventava histórias sobre minha mãe, alegando que ela me abandonou, que não tinha ética, integridade, e eu acreditava. Passei anos acreditando e difamando minha própria mãe, me afastando da minha própria família. Ela chegava a dizer que minha mãe era (desculpe escrever isso) vagabunda, não gostava de trabalhar, aproveitadora e folgada. Muitas vezes, eu mesmo repetia isso, pois chega um momento que o narcisista te convence de tudo, até do erro.

A verdade, leitor, é que eu fiquei muitos anos sem nem ver a minha família, acreditando que as pessoas da minha família eram ruins, como a narcisista dizia, pois eu só poderia transcender se estivesse sob o teto dela e da família dela. Percebe a situação de controle?

Eu devo reconhecer e ser bastante honesto ao dizer que essa pessoa realmente provocou um desenvolvimento em mim, pois Deus sempre usou da dificuldade para me fazer crescer e ser exaltado. Na época, ao seguir todas as regras dela, consegui experimentar uma ascensão pessoal, profissional, espiritual e até mesmo intelectual. Não vou mentir, de fato, tive essa evolução, pois sempre tive Deus transformando a dificuldade em glória na minha vida. Mas ao longo desses anos, essa ascensão foi atribuída somente a ela e à sua família. Ela afirmava que me pegou para me reeducar, para me vestir com uma "roupa" de verdade, para me dar cultura; ela dizia que me salvou, apresentou-me à graça de Deus e me tirou do lixo e do buraco.

O que eu mais ouvia era que ela e a família dela haviam me tirado do meio da lama, e que, da lama, pode nascer flor. Mas para que eu pudesse ser essa flor, eu precisava sair de toda aquela lama. Ela ainda alegava que eu só saí daquela lama porque ela me pegou para reeducar e me deu uma chance.

Ela era a santa, eu o pecador que encontrou perdão.

Essa pessoa se via como uma oportunidade para mim. A oportunidade! Melhor: a minha chance! Segundo o que ela pensava, eu deveria ser grato por toda a minha vida pela oportunidade que ela me proporcionava, de me amar. Mas, leitor, você consegue perceber que isso não era amor? Você consegue enxergar que não foi uma escolha mútua de duas pessoas que decidiram crescer e evoluir juntas?

Em um relacionamento, o ideal é que um ajude e apoie o outro, mas o que existiu entre mim e essa pessoa era uma situação em que uma pessoa narcisista viu alguém mais fraco e intelectualmente inferior, pensando que poderia me "puxar para ela" e me transformar à sua maneira, do jeito dela. Ela queria que eu a amasse da forma que ela desejava, tudo da maneira que ela queria. Eu me tornei um ursinho de pelúcia nas mãos da Felícia (lembra dela?).

Ela ainda acreditava que tudo que eu conquistasse seria mérito dela, e tudo que eu fizesse seria mérito dela. Eu acreditei nisso por muito tempo. Foi só depois de muitos anos que eu percebi que minha ascensão espiritual aconteceu porque Deus me amou em primeiro lugar na minha vida! Claro que as pessoas ao nosso redor podem nos ajudar e orientar, mas a decisão é nossa. Eu escolhi seguir o caminho que segui. Portanto, a pessoa mais responsável pelo meu crescimento é, em primeiro lugar, Deus, e em segundo lugar, eu mesmo.

Além de tudo isso que já narrei pra você, eu também comecei a perceber que muita coisa não se encaixava... Quem acordava às 4h para trabalhar e ia dormir de madrugada porque estava estudando era eu. A narcisista dizia que tudo que eu tinha, era por causa dela, e que eu deveria ser obediente e grato por ela, e a tudo que ela tinha feito. Obediente, porque tudo que eu tinha conquistado era através dela! E se eu não valorizasse isso, então eu seria ingrato e sem merecimento.

Eu precisava validar o tempo todo que as minhas conquistas eram por meio dela, mas quem levantou durante anos cedo e dormiu tarde, estudou e trabalhou, fui sempre eu. Quem chorou muitas vezes pedindo para que Deus mudasse a minha história, fui eu. Quem saiu da faculdade com apenas duas notas B, e o restante todas notas A, fui eu. Quem passou quatro anos na faculdade sem conhecer o bar da faculdade, fui eu. Quem estudou inglês e espanhol e ficou fluente em 3 meses, fui eu.

Reconhecer o meu esforço e as bênçãos de Deus na minha vida é ingratidão? Para ela, sim! Na verdade, ela não queria gratidão, queria submissão!

Não é ingratidão porque eu reconheço toda a ajuda que as pessoas me deram, inclusive ela, mas também sei que para que tudo acontecesse eu tive que fazer a minha parte, que foi a maior parte, 90%, ou mais. Quando tentei me colocar nessa equação, virei ingrato. Porque o narcisista faz isso: ele anula você. Se não for só ele, você vira o feto.

E no momento em que eu decidi torcer para o meu time, dizer que eu iria usar a roupa que eu queria, que eu ia estudar psicanálise, que eu ia amar minha mãe, que eu ia dizer que eu amava meu pai apesar dos seus defeitos, aquele amor narcísico, controlador e centrado em si mesmo, decidiu me destruir.

O "amor" que existia, simplesmente acabou. E mais: quando eu parei de dar controle para essa pessoa narcisista, ela simplesmente me abandonou. Foi embora e me botou para fora da vida dela, para fora de casa com as coisas em sacos de lixo, o que significava uma clara mensagem: você é um lixo, um mendigo perto de mim.

Depois disso, é claro, passei a contar com uma difamação que até hoje muita gente não olha nem na minha cara, por pensarem que eu era o errado. Mas o que muita gente não sabe é que eu vivi por anos em um relacionamento em que eu era controlado, não tinha amor genuíno, fiquei tempo sem ver minha mãe por proibição dela, e quando via, era motivo de briga.

Eu não podia ver a minha mãe. Você tem noção disso? Quantas e quantas vezes, depois de vê-la, ouvia tantos xingamentos que chorava o caminho todo de volta pra casa, cerca de uma hora de viagem. E ela xingando…

Precisei aguentar durante anos dentro de um relacionamento narcisista, ouvir a pessoa dizer que minha mãe era "biscate", que minha irmã era "puta", que elas eram "vagabundas" e não gostavam de trabalhar (me desculpe, leitor, por esses termos; mas eu realmente estou colocando "ao pé da letra" o que era dito, para que você enxergue a situação com toda clareza possível). O pior de tudo é que eu acreditei nisso por anos, porque eu não tinha identidade.

Agora, imagine você, sabendo de toda a história da minha mãe e da minha irmã, que já contei aqui, como era para mim ouvir tudo aquilo…

Eu tive que aceitar relacionamentos em minha vida com pessoas narcisistas, que diziam que queriam muito cuidar de mim, mas na verdade nem mesmo faziam o básico.

Eu já tive um relacionamento, por exemplo, em que a pessoa não lavava ou passava a maior parte das roupas, e dificilmente cozinhava pra mim... Essa mesma pessoa que eu estou contando, não trabalhava fora e ainda queria que eu abandonasse o meu emprego para trabalhar em casa e viver só pra ela.

"Se você me amasse, faria", dizia ela.

Nessa outra relação, eu tive que aguentar uma pessoa que me manipulava a tal ponto que eu chegava do trabalho muitas vezes, e ela estava chorando, dizendo que toda a culpa da vida dela dar errado era minha e que ela não tinha sucesso profissional porque eu não era suporte, eu não dava amor, eu não dava carinho, que eu não ouvia. Eu não era bom, eu não era amigo. E eu ia me sentindo um lixo de ser humano: incapaz, inútil, insuficiente...

Por diversas vezes eu ficava das 18h até às 21h ouvindo palavras de agressão, dizendo que eu não era homem suficiente... E tudo isso calado, tentando entender e amar.

Em outra relação, era comum ouvir a pessoa dizendo que se arrependia de ter se relacionado comigo. Tudo aquilo que ela mesma fazia, ela me dizia que eu fazia. E eu acreditava.

Houve uma situação em uma relação que, se eu quisesse ter casa, comida e roupa lavada, tinha que pagar, mesmo sendo o único que trabalhava fora. Eu fazia isso para que ela pudesse atingir os sonhos dela, era a minha forma de apoio. Ainda assim, eu era considerado o errado por não oferecer suporte. Das 18h às 21h eu era submetido a agressões verbais incessantes, sempre sendo considerado culpado. Quando chegava por volta 22h, essa pessoa tomava banho e voltava vestida de lingerie, sexy, me chamando para ter relações sexuais. Tentando me provocar. Claro que não acontecia! E é claro que eu ouvia os piores xingamentos por isso. Ela até dizia que eu era gay! (Lembra das ofensas do meu pai à minha mãe, chamando-a de lésbica? Veja a repetição dos padrões).

Porque o narcisista age assim, na sua instabilidade emocional e nas lacunas da sua história.

Quantas e quantas vezes eu não fiz sexo só para não ter briga ou para não ser agredido. Hoje, vejo isso como um estupro emocional! E essa é uma das piores agressões que um ser humano pode receber.

Você consegue perceber o jogo de manipulação que uma pessoa narcisista pode exercer sobre suas emoções e sentimentos? Você acha que eu conseguia ter relações saudáveis em uma situação dessas? Com a adrenalina em alta e num momento de tensão. Se coloque em meu lugar, leitor, e pense sobre isso!

Passei muito tempo da minha vida enfrentando dificuldades nesse aspecto, sem compreender o motivo. Quantas vezes, durante atos íntimos, eu começava e não conseguia continuar. Às vezes, eu nem mesmo começava, pois estava tenso, com adrenalina, me sentindo péssimo. E aí essa pessoa me questionava se eu não era gay, se não gostaria de tentar algo com outro homem, se não estava traindo ela. Na cabeça dela, se eu a traísse, seria com outro homem, pois o narcisista quer te desvalorizar para poder te dominar.

Cheguei a ir ao médico, fazer exames, e é claro que todos estavam normais. O médico queria saber o que estava acontecendo e quando contei a situação, ele disse que eu precisava sair disso, senão acabaria prejudicando meu próprio corpo. Claro que eu nunca contei isso para ela, senão ela acabaria comigo, e, claro, a culpa seria minha. Mas quando mostrei os resultados dos exames - pois tive que abrir na frente dela esses exames - ela olhou os resultados e disse que tinha certeza de que eu era gay.

"Eu sou linda, gostosa, todo homem me deseja. Se você não faz isso é porque é gay", gritava.

Escreva em letras gigantes na sua parede: o narcisista não suporta ser rejeitado! Releia até decorar.

Essa situação chegou em um ponto no qual precisei levar esse tema para a terapia. Olha o que a narcisista fez! Fez eu duvidar da minha própria masculinidade! Ela passou a ter controle da minha masculinidade, da minha orientação sexual. E eu comecei a pensar que se eu realmente fosse gay, precisaria me assumir.

A terapeuta perguntava se eu me sentia atraído por homens e eu disse que não, nunca. Ela disse que eu não era gay. É claro que não teria problema algum se fosse, mas eu não era. O que estava acontecendo era um ataque à minha identidade porque a narcisista tinha se sentido rejeitada.

Foram anos de terapia buscando entender que, na verdade, eu vivia um abuso psicológico por parte da narcisista; um estupro psicológico. Esses eventos continuaram.

Outra situação marcante foi vivenciar o famoso *"love bomb"* em outro relacionamento. Na época, movido pela carência e ainda sem minha identidade bem definida, me envolvi com uma mulher sedutora, atraente e envolvente, mas que era mentirosa ao extremo, manipuladora, enganadora e, sobretudo, narcisista.

No início desse relacionamento, ela transformou minha vida em um paraíso. Era incrível em todos os aspectos, proporcionando uma experiência sem igual. O narcisista tem essa habilidade de mapear e explorar todas as suas carências e necessidades, suprindo cada uma delas. Assim, tudo aquilo que eu sonhava e desejava, parecia se concretizar ao lado dela.

Contudo, quando a pessoa percebe que você está satisfeito e realizado, ela retira tudo de você de forma abrupta. Você vai dormir extremamente feliz e acorda sem compreender o que está acontecendo. Por exemplo, se o foco for o sexo, ela oferece a melhor experiência possível, apenas para, no dia seguinte, demonstrar desinteresse.

A situação com essa pessoa em específico se complicou quando descobri que estava sendo envolvido em uma "triangulação". Isso significa que ela mantinha relacionamentos paralelos com outras pessoas, traindo nossa relação. Não sei, até hoje, se era com uma, duas ou mais pessoas.

As coisas ficaram muito estranhas. Um dia, eu tinha tudo, a melhor pessoa do mundo. No outro, literalmente, tudo se acabou, inclusive beijos, abraços e presença. Eu fiquei muito mal, perdido, desconfiado. Claro que tentei conversar, perguntei, mas as respostas eram evasivas. Então, depois de dias, fiz algo que nunca havia feito (e até me culpo, até hoje, porque não sou de invadir nada de ninguém): mexi no celular dela.

Ao fazer isso, o mundo caiu! Nem chorar eu consegui. Aquele anjo se tornou em demônio na mesma hora. A verdadeira personalidade dela estava escancarada na minha frente.

Para mim, um anjo que sorria docemente. Nas conversas, alguém rude, impiedosa, cruel nas palavras. E tudo sobre mim mesmo. A mesma boca que me beijava docemente acabava comigo em palavras de fogo e espada.

Havia toda a verdade ali, várias interações com várias pessoas, inclusive falando mal de mim para elas. Lá, ela assumia que amava outra pessoa, me xingava de todos os nomes possíveis, ofendendo, inclusive, a minha mãe, que tinha feito um jantar maravilhoso para ela dias antes, recebendo beijos e abraços falsos em troca.

Veja a repetição!

Foi um banho de água fria, um soco na boca do estômago, uma facada nas costas. Ela havia acabado de dizer que me amava, eu tinha feito jantar pra ela e dado presente para agradar.

Eu perdi o chão, quase morri de infarto, mas precisava ler pra crer. As interações eram intensas (se é que me entende) com não uma, mas duas pessoas. A famosa prática de triangulação estava acontecendo - e eu, sem saber, estava envolvido.

E o que essa narcisista ganhou com tudo isso (quero dizer, com a minha descoberta por essa triangulação)? Simples: ela ganhou meu desespero, minha atenção, e me fez implorar para que ela ficasse comigo. Eu buscava incessantemente maneiras de melhorar, me esforçando para resgatar a dinâmica inicial do relacionamento, porém sem sucesso.

Claro que, quando a questionei, ela disse que era mentira. Então, coloquei um áudio com a própria voz dela assumindo que amava outra pessoa, áudio enviado para uma amiga. Então, ela caiu no choro, começou a se fazer de coitada e dizer que nunca tinha sido amada, que não sabia amar porque não conhecia o amor, que estava perdida, mas que a partir daquele momento tinha se encontrado. Ela se fez de pobre coitada, como todo narcisista. Covardes, eles nunca assumem o que fazem. Jogam a culpa no pai, na mãe... no caso, até em um passarinho ela jogou, dizendo que estava carente pela falta do animalzinho dela. Claro, eu caí!

Ela justificava suas atitudes como parte de sua personalidade, alegando ser bruta e experiente em relacionamentos. Dizia que ficar 15 dias sem demonstrações de afeto era normal, que era assim em todo relacionamento. Não queria se encontrar nos finais de semana, e tudo isso era apresentado como algo corriqueiro - ou seja, normal. Mas a verdade é que ela agia assim para poder se encontrar com outras pessoas e frequentar festas, em um jogo de mentiras e manipulações que eu aceitava, justamente por não ter uma identidade sólida.

Com o tempo, percebi que as "regras" impostas por essa pessoa eram apenas uma fachada, já que que ela buscava, na verdade, se envolver com outras pessoas.

Mas eu estava cego. Aceitava e ainda pedia desculpas por cobrar tanto. Porque quando tudo o que você conhece é falta, não sabe reconhecer quando está na miséria!

OUTRAS EXPERIÊNCIAS TRAUMÁTICAS

Houve um relacionamento no qual cheguei a pedir a moça em casamento. O pedido foi incrível, em um lugar maravilhoso e romântico. Cinco minutos depois de ela ter aceitado o pedido, ela estava com a aliança dourada no dedo.

A verdade é que esse pedido de casamento só aconteceu porque ela tinha me pedido em casamento antes, e eu disse que eu era homem à moda antiga, e por isso eu ia pedi-la em casamento. Então, eu fui: preparei todo cenário, uma viagem, um lugar romântico, e lá nesse lugar eu a pedi em casamento.

Ela aceitou, mas as coisas já não estavam muito bem, porque a pessoa narcisista se comporta assim: quando ela tem você nas mãos, ela já não quer mais.

Achei que pedir ela em casamento, da forma que eu fiz, ia melhorar. Não melhorou. A prova de que não melhorou foi que, mais ou menos uns cinco ou dez minutos depois do pedido, eu fui abraçá-la e disse assim: *"meu amor, vem aqui, porque a partir de agora somos noivos, vem cá, vamos ficar de juntinho."*

Sabe o que ela fez, leitor? Ela se afastou, me empurrou e disse que não gostava daquilo, e saiu para longe de mim. Eu fiquei quieto na minha. Alguns minutos depois, ela tentou me agradar e tudo mais, eu me ajoelhei e comecei a dizer que a partir de agora, nós éramos duas pessoas que iriam, juntas, construir um futuro, e que ela seria o amor da minha vida, minha prioridade. Ela simplesmente pulou da pedra onde ela estava sentada, se levantou e disse que a van que estava nos levando na viagem, já estava saindo, e que devíamos ir embora. Essa foi uma experiência bem forte que eu tive dentro de um relacionamento.

Em um outro relacionamento, fui submetido a um descontrole financeiro. Tudo tinha que ser mais caro, frequentar restaurantes mais sofisticados, planejar viagens luxuosas, e todos esses desejos eram expressos de maneira indireta. Era constantemente sugerido: "já pensou a gente viajando para esse lugar?" ou "já pensou como eu ficaria com aquele vestido de noiva?". Como alguém romântico e emocionalmente dependente, eu via essas ideias como sonhos a serem realizados.

Essa é uma característica típica do narcisista: induzir um descontrole financeiro em busca de "provas de amor". E, claro, se a pessoa não faz aquilo que o narcisista pede, começam as acusações, muitas vezes projetando em você as próprias características dele.

Nesse relacionamento, essa pessoa chegou a dizer a amigas, familiares e pessoas próximas, que eu era controlador. Na realidade, eu apenas queria estar com ela em todo o meu tempo livre, principalmente nas noites de sexta, sábado e domingo, já que nós dois trabalhávamos durante a semana. Mas ela interpretava isso como controle, dizendo que eu era sufocante. Como resposta, eu pedia desculpas e prometia melhorar, mesmo sem entender completamente as razões por trás das acusações. Isso criava uma sensação de insegurança, que me levava a me esforçar ainda mais para agradar e atender às vontades dela.

Cheguei a ouvir acusações até sobre o meu caráter profissional. Frases como "você é um péssimo líder, um péssimo namorado; foi por isso que sua ex te deixou." Essa narcisista chegou a dizer que se um dia ela e a minha ex sentassem para conversar, as duas teriam muitas coisas para contar e discutir sobre mim, porque eu era péssimo em tudo.

Independente de tudo que ela me dizia, eu, graças a Deus, tive muito sucesso profissional. Alcancei a posição de *Executivo de RH*. Nunca sonhei em chegar a esse cargo, e nem mesmo pedi por isso. Mas eu creio que Deus, em Sua bondade e misericórdia, me colocou nessa posição, não para que eu esteja acima das pessoas, mas para que eu possa ajudá-las, pois esse é o meu propósito.

O narcisista está sempre em disputa; em competição. O narcisista é invejoso. E quando ele percebe que não consegue apagar seu brilho e luz, ele tenta te diminuir para que ele possa parecer maior. Eu ouvia frequentemente frases desse tipo, dizendo que eu era um péssimo líder, gestor e funcionário. Isso porque essa pessoa estava tentando diminuir minha luz.

O narcisista vai sempre te acusar daquilo que ele é. Em um relacionamento, eu ouvi a pessoa dizendo para mim que eu falava tanto de narcisismo em minhas mídias sociais, porque na realidade eu era narcisista. Segundo ela, se eu não fosse um narcisista, eu não me interessaria por esse tema.

Essa pessoa também demonstrava muito medo e se sentia acusada a cada vídeo que eu publicava. Então, eu me lembro muito bem de um vídeo que eu publiquei, em que eu dizia que era importante pesquisar o passado da pessoa com quem você está se relacionando. Eu dizia que era importante pesquisar quantas pessoas ela já havia beijado, com quantas pessoas ela já havia se relacionado...

Eu não disse, jamais, que esse vídeo era uma indireta, porque realmente não era. Mas essa pessoa chegou a brigar comigo e pedir para apagar esse vídeo, dizendo que eu estava falando dela. Porque o narcisista te acusa daquilo que ele é ou faz.

É por isso que os narcisistas podem ser controladores. Como eles sabem todas as artimanhas para se arquitetar uma traição, eles procuram controlar todos os seus passos, com medo de serem traídos. Lembre-se: eu só percebo no outro aquilo que já existe dentro de mim.

Um narcisista só pensa nele e não está nem aí para o seu bem estar físico, mental ou emocional. Eu passei por situações de extremo abandono, humilhação e desrespeito. Eu me lembro de que quando eu estava com Covid-19 e eu não conseguia comer nada, além de estar muito mal e com muita tosse. Eu não cheguei a ir para o hospital, mas eu estava muito mal. Levei 5 meses para me recuperar da parte pulmonar e muscular, perdi muita massa magra, muita capacidade física, e só depois de fazer natação que eu consegui voltar ao normal.

Certa noite, nessa situação da Covid em que eu estava muito mal, eu disse a ela que eu gostaria muito de tomar um caldo. Ela sabia que eu nunca gostei de caldo e nem de sopa, mas naquela noite o meu corpo parecia estar pedindo por isso. Perguntei, então, se ela não faria para mim; se ela poderia ir ao mercado comprar os ingredientes para fazer esse caldo.

Essa pessoa simplesmente ignorou meu pedido e me respondeu dizendo que ela já havia preparado o jantar e que, se eu quisesse, tinha pão com ovo ou arroz com feijão e carne; mas, se eu não quisesse nada do que já tinha pronto, eu ficaria sem comer.

Ela saiu, foi tomar banho, e naquela noite chorei muito. Fiz então, a seguinte súplica a Deus: *"Deus, o que fiz para merecer isso? Eu pago todas as despesas dessa casa, compro tudo. Essa mulher não limpa a casa, não lava a roupa, não faz comida pra mim, pois pago para outras pessoas fazerem. Quando peço para ela cuidar de mim quando estou doente, ela me dá essa resposta. O que fiz para merecer isso? Leve-me embora desta terra, porque é melhor. Eu não mereço ser tratado assim."*

Levantei da oração, peguei meu carro, coloquei uma máscara no rosto e dirigi 25 quilômetros até outra cidade, onde havia estabelecimentos abertos, pois já era tarde, para encontrar um caldo pronto. Ao retornar para casa, ela já estava dormindo, e foi só então que eu comi o famigerado caldo.

Em um outro relacionamento, aconteceu algo muito semelhante. Lembro-me de um dia em que cheguei muito triste do trabalho, um dia extremamente difícil, daqueles que você quer esquecer, chegar em casa e chorar. Eu enviei uma mensagem para a pessoa com quem me relacionava, dizendo que eu não estava bem e que eu precisaria de um colo, de cuidado. Eu disse, ainda, que minha vontade era a de beber uma garrafa de vinho inteira, para ver se esquecia aquele dia ruim, mas que eu não queria fazer isso, pois sabia que seria só uma compensação. Então, perguntei se ela poderia ir até a minha casa para, pelo menos, compartilhar aquele momento comigo.

Quer saber o que ela me respondeu?! Ela simplesmente me disse que ela iria sair com as amigas dela e, assim que saísse do lugar que iria, ela pegaria um lanche e levaria para mim. Quando foi por volta das onze e meia da noite, recebi outra mensagem. Claro que eu estava péssimo em casa, chorando, afinal, tinha sido um dia terrível. A mensagem que ela me mandou começava com "meu amor..." O tom era doce, porque é isso que o narcisista quer: gerar confusão.

Na mensagem ela disse que estava saindo de lá, e me perguntou se eu estava melhor. Eu mal terminei de escrever, dizendo que eu estava melhor, mas que ainda queria a presença dela, quando ela respondeu: *"que bom que está melhor. Então, não vou mais aí, tá bem!? Até porque não consegui comprar o lanche. Vou dormir. Beijo. Fica com Deus."* E foi isso. Simples assim.

O narcisista faz questão de fazer você ter dúvidas sobre quem você é. Se ele conseguir fazer você duvidar de si mesmo, você procurará sua identidade nele, tornando-se ainda mais emocionalmente dependente e inseguro.

Em certo relacionamento, a pessoa disse a mim que se sentia desconfortável em relação às minhas brincadeiras com amigos, tanto homens quanto mulheres. Tínhamos um casal de amigos que eu admirava pela elegância, e eu costumava dizer que eles eram como Rodrigo Hilbert e Fernanda Lima, devido à educação e cordialidade, além da elegância. Mas todas as vezes que a gente se encontrava, quando eles iam embora, eu ouvia insinuações de que eu estava interessado neles, criando dúvidas sobre minha própria sexualidade. Na frente dos amigos, tudo era lindo, mas bastava eles irem embora que as brigas, acusações e gritos começavam.

Em outro momento, ela afirmou que eu era gay e que tinha certeza de que eu mantinha um relacionamento homossexual com meu melhor amigo de infância. Isso porque tínhamos brincadeiras usuais de amigos. Mesmo sendo ambos casados, ela insistia nessa narrativa. Mais uma vez, na frente deles, tudo era lindo, com sorrisos e cordialidade. Bastava entrar no carro que os xingamentos e as acusações começavam.

E ninguém fazia ideia do que acontecia!

O narcisista busca semear dúvidas sobre sua identidade, não importando se são relacionadas à sexualidade ou qualquer outra coisa, com o objetivo de exercer controle sobre você.

O narcisista fará de tudo para semear dúvidas em todos os aspectos de sua vida, porque quando você tem dúvidas, o que você faz? Fica estagnado no mesmo lugar.

Lembro-me de uma situação em que fui demitido de uma empresa e, 15 minutos depois, recebi um convite para trabalhar em uma multinacional. Foi uma grande bênção de Deus. Eu trabalhava em uma agência e, após recusar uma solicitação da minha chefe que ia contra meus valores éticos, ela me demitiu. Optei por ser demitido em prol dos meus valores. Pouco tempo depois, a cliente da agência, uma multinacional, me contratou e dispensou os serviços da empresa.

Na época, minha parceira narcisista não queria que eu assumisse esse novo cargo, porque ela desejava que eu permanecesse submisso a ela, trabalhando no negócio da família dela, e queria que eu trabalhasse lá, como vendedor. Eu insistia que isso não estava nos meus planos, que eu não era bom em vendas. Ela argumentava que, se eu a amasse, eu deveria recusar a proposta da multinacional para trabalhar com ela, dando assim uma prova de amor.

Foi a primeira vez em que não cedi aos desejos da narcisista. Eu disse que não seguiria sua vontade e optaria pelo caminho que eu sabia que me ajudaria a sustentar nosso lar. Fui para a multinacional, mas, é claro, enfrentei uma mulher emburrada, que se recusava a me olhar nos olhos, chorava e jogava na minha cara por um ano a ideia de que eu não a amava, não era amigo, não era companheiro, apenas estava com ela por interesse.

Lembre-se sempre: o narcisista te acusa daquilo que ele é! E suportei essa situação por meses, sendo acusado por essas coisas.

O narcisista sempre buscará formas de te humilhar e diminuir, inclusive explorando a sua própria história. Ele vai ouvir todas as suas histórias, mas não se iluda: sua verdadeira intenção, quando ele pede para você contar sua história, não é para valorizar, mas para identificar suas fraquezas e pontos frágeis, com o objetivo de usá-los contra você no momento oportuno.

Em um relacionamento, a pessoa conhecia toda a minha história, inclusive a fase de pobreza que compartilhei neste livro. Quando comecei a ter uma ascensão profissional, ela não tinha renda, então busquei oferecer suporte, assumindo todos os custos da casa e do sonho dela. Mesmo sendo uma atividade sem retorno financeiro, eu não via dificuldades, pois eu ficava feliz em ver o sorriso dela. Como sempre digo nas minhas mídias: relacionamento é parceria. Se o sonho é de um, então é dos dois. E eu reagia assim.

Porém, quando eu negava alguma coisa, bastava eu dizer que não era possível por causa da falta de recursos, que ela se transformava: se jogava no chão, chorava, batia nas paredes, dava tapas no chão, arremessava objetos, gritava e me acusava de não ser parceiro, bom companheiro ou amigo. Dizia que eu era favelado, que mesmo que eu tivesse saído da favela, a favela não havia saído de mim.

Hoje eu entendo que tudo isso era uma estratégia para me desestabilizar e fazer com que eu abrisse mão. E, infelizmente, eu acabava realmente cedendo a tudo o que ela queria.

Agressões físicas não são muito comuns em relacionamentos com narcisistas, porque eles tendem a preservar a própria imagem, e a violência física é algo difícil de justificar em qualquer relação. Porém, contrariando essa tendência, eu já atendi muitas pessoas que estavam em relacionamentos narcisistas que não seguiram essa regra.

Tenho alguns pacientes, por exemplo, que já me relataram agressões físicas, como coronhadas de revólver, golpes com objetos da cozinha, como facas, ou até mesmo pauladas. O narcisista, após tais episódios, surpreendentemente, assumia o papel de cuidador, dando remédios e passando pomadas, insistindo para que a vítima valorizasse esse gesto e criando uma dinâmica de manipulação.

No meu próprio relacionamento eu cheguei a ser agredido fisicamente duas vezes. As agressões verbais eram constantes, com insultos que usavam alguns desses adjetivos: tonto, burro, besta, gay, e até - por incrível que pareça - narcisista, entre outros. Eu aceitei isso por acreditar que passaria com o tempo, até que chegou o momento em que essa pessoa partiu para a agressão física.

Em uma dessas situações, eu estava segurando o celular enquanto tentava contar a pessoas próximas sobre o que estava acontecendo, através de uma ligação. Ao perceber isso, ela pulou em cima de mim, me dando tapas e arranhões.

Em outra ocasião, pouco antes de receber visitas em casa, ela começou a me fazer diversos insultos, e eu respondi serenamente, dizendo a ela que o dia que eu a tratasse do jeito que ela me tratava, ela iria se arrepender, pois era horrível ser tratado daquela forma. Ela, então, partiu para as agressões físicas, dando tapas nos meus braços e gritando muito. Eu me segurei, pedi para que parasse em nome de Jesus, e, quando ela finalmente parou, coloquei um sorriso forçado no rosto e fui receber as visitas que estavam à porta de casa.

Narcisistas não gostam de ser confrontados. Lembro-me, que em uma relação, tentamos fazer terapia com diversos profissionais, incluindo um pastor, duas psicanalistas, uma terapeuta de casais e até um acompanhamento psiquiátrico, que ela aceitou de má vontade, deixando bem claro seu ódio e dizendo que eu pagaria por supostamente arruinar a sua vida.

Numa sessão de terapia de casal, a psicóloga, após nos ouvir por várias sessões, decidiu ilustrar o que acontecia em nosso relacionamento de forma simbólica e, digamos, didática. Ela puxou uma cadeira, e pediu pra gente imaginar que aquela cadeira era um trono. Continuando com a ilustração, ela pediu para que imaginássemos a Daiane (nome fictício) se vestindo como uma rainha, sentando-se no trono e ordenando que eu me ajoelhasse, me tratando como seu súdito.

Continuando sua história, a psicóloga disse que eu obedeci aquela ordem, enquanto Daiane, com seu cetro, batia em minhas costas. Mesmo diante disso, eu insistia para que ela continuasse, chamando-a de "minha rainha".

A terapeuta contou essa história para ilustrar o que estava acontecendo em nosso relacionamento, e disse para a Daiane que ela precisava ficar atenta, porque desse jeito, ela perderia um homem que a amava e a sustentava, e que no fim das contas ela se arrependeria. Quando a psicóloga disse isso, aquela pessoa começou a discutir com a profissional no consultório, abandonando a sessão.

Na semana seguinte, ela se recusou a continuar a terapia, dizendo que a psicóloga estava "comprada" por mim. Isso deixa ainda mais evidente aquilo que eu venho dizendo neste livro, de que que narcisistas têm dificuldade em lidar com frustrações - e com a verdade, muitas vezes.

Narcisista gosta da sensação da conquista. O narcisista gosta da sensação de dizer que pode ir embora, mas que a hora que eu quiser, é só voltar. Eu ouvi muito isso de uma pessoa que eu me relacionei, que dizia que se ela quisesse estar com o ex, ela estaria com ele, porque quando ela queria algo, ela realmente conquistava. Claro que aquilo ressoou muito estranho aos meus ouvidos, mas eu não percebia que ela fazia isso comigo.

Traições são comuns em relações narcisistas. Abaixo, compartilho o relato de um caso que acompanhei na clínica, na voz do próprio paciente.

> *"Eu fui traído. Eu não sabia que tinha sido traído ainda. Eu simplesmente estranhei o comportamento da pessoa não querer me beijar, não querer estar abraçada, não querer estar junto. E eu comecei a estranhar aquilo. Começamos a ter muitas brigas e em algum momento ela disse que sim, sentia a falta do ex e que não sabia se me amava. Claro que depois disso nós largamos e eu entrei em depressão. Comecei, inclusive, a tomar medicamentos. Todo mundo sabia que eu estava em depressão e sofrendo por ela.*
>
> *Enquanto ela ia a festas e baladas, depois que terminamos - inclusive indo a uma festa em que o ex estava presente, para tentar encontrá-lo - eu estava focado em superar minha depressão e seguir com a minha vida. O ex a tratou mal, e quando ela percebeu que eu estava retomando meu controle, ela apareceu na minha porta com flores, pedindo perdão, chorando e prometendo mudanças.*
>
> *Ela afirmou até mesmo que iria frequentar a minha igreja, que tinha "encontrado Jesus" e até enviou uma mensagem dizendo que queria estar na primeira fileira me aplaudindo sempre. Essa mensagem chamou minha atenção, mas, infelizmente, a ingenuidade me fez acreditar na sinceridade dessas palavras e na disposição real dela para mudar. Eu desejava que tudo desse certo. Típico dependente emocional.*
>
> *Por fim, aceitei ela de volta, e por dois meses, ela fez parecer que a vida era maravilhosa. Mas pra variar, depois desse curto período, ela voltou ao comportamento de evitar carinho e proximidade.*
>
> *Foi nesse momento que decidimos nos separar novamente. Mais uma vez, mergulhei em uma depressão, mas agora ainda mais profunda"*

Percebe o jogo de vai e volta? Consegue captar o medo que o narcisista possui de perder o seu suprimento? Não se engane: ele vai usar de todos os artifícios para conquistar o que quer. Você pode implorar para que ele não lhe faça mal, ele não terá a mínima compaixão, só importará o bem-estar dele.

Outra tática do narcisista é fazer promessas utilizando o seu bolso. Um paciente me contou um caso que quero compartilhar, também na voz dele.

> "Houve uma vez em que, durante um relacionamento, a pessoa com quem eu me relacionava prometeu uma viagem à esposa de um grande amigo meu, estimada em mais de 20 mil reais. Obviamente, ela não tinha dinheiro para isso, e quem acabou custeando a viagem fui eu. Descobri a traição um mês depois, ficando eu com todos os custos e prejuízos".

Em todo relacionamento com um narcisista, você acaba arcando com prejuízos financeiros, emocionais, materiais e espirituais.

O narcisista também vai te deixar confuso com relação à segurança que você tem naquele relacionamento e com relação à sua autoestima. Certa vez, eu peguei uma foto da minha namorada de biquíni e elogiei seu corpo, dizendo que ele estava lindo. Ela respondeu dizendo que sabia disso, e que quando ela andava na praia, todo mundo ficava comentando - sobretudo os homens, que chamavam de "gostosa" quando ela passava.

Qual a necessidade? Eu lhe explico: gerar competição, mostrar para mim que ela era muito disputada, requisitada e me dar a sensação de poder perdê-la a qualquer momento.

Em outra situação, essa pessoa pegou uma taça de vinho e, enquanto bebia, ela começou a encenar como ela fazia na balada, olhando pra trás, jogando o cabelo e dizendo que ela só precisava olhar e fisgar, e o cara já vinha atrás dela. Em outro momento, essa pessoa disse que eu tive poucas experiências de relacionamento, enquanto ela já tinha dormido com vários homens diferentes em sua cama desde a adolescência. Segundo ela, eu não sabia viver em relacionamento, principalmente porque eu achava (e queria) que precisava estar sempre perto, sempre junto.

Ela dizia que já tinha tido relações com muita gente, dormido com muito homem, e que por isso tanto fazia estar junto ou não. Sabe o que eu fazia quando ela contava essas histórias? Adivinhe, caro leitor... Isso mesmo, eu pedia desculpas. Dizia que eu realmente não tinha muita experiência e que eu iria aprender a viver do jeito que ela queria. Olha o que o narcisista faz!

O narcisista vai ter sempre uma rede de mentiras. Ele vai ter amigos e até familiares que validam o comportamento mentiroso, ilusório e falso dessa pessoa. Então, esse narcisista vai ter amigos iguais a ele, relacionamentos iguais a ele e familiares totalmente iguais a ele. É uma verdadeira rede diabólica que valida o mal.

Teve um paciente que me trouxe uma situação que merece ser compartilhada. Segundo ele, após ter aceitado a narcisista de volta, participou de um almoço com a família dela. Veja o relato:

> "Certa vez, por exemplo, em um almoço de família com uma narcisista que eu me relacionei, ela começou a dizer o quanto ela tinha sofrido na minha ausência, depois que eu decidi voltar com ela, e uma pessoa da família dela dizia que realmente ela sofreu muito. Pra piorar a situação, essa pessoa da família dela disse que se ela estava escolhendo ficar comigo é porque ela realmente gostava de mim, já que ela nunca amou ninguém daquela forma. O que eu não sabia era que, na verdade, aqueles membros da família, todos, sabiam que ela estava me traindo há muito tempo, inclusive que ela tinha ficado com outras pessoas enquanto eu sofria ao longo das semanas que estávamos separados. Eu só soube a verdade, que todos mentiam, quando mexi no celular dela e, então, levei um baque. Ela conversava abertamente com aquelas pessoas sobre as traições e até dizia sobre o meu sofrimento: ele que sofra, ninguém morre de amor"

Repito, leitor: todo narcisista precisa de gente igual a ele para sobreviver!

Certa vez, atendi um paciente que comprou um cachorrinho para ver se a atenção das brigas no relacionamento mudava de foco. A técnica é boa, afinal, ambos passariam a ter um foco: cuidar do animalzinho. Mas sabe o que a mulher narcisista fez? Poucos meses depois, ela queria doar o animalzinho, que custava mais de R$3 mil, simplesmente porque ele gostava mais do moço do que da mulher. Você tem noção disso? "Eu quero um cachorrinho macho, pois assim ele vai gostar mais de mim que de você", disse. E tudo isso era acompanhado de perto pelos pais, que reforçavam essa visão e ainda incentivavam até financeiramente a compra de outro animalzinho.

Família que mima criam filhos fracos, dependentes e narcisistas!

Teve um relacionamento que demorei bastante para tomar a decisão de terminar, porque eu estava imerso em um processo profundo de autoconhecimento, frequentando terapia e buscando conexão com Deus. Para isso, busquei me munir de informações essenciais. A leitura da Bíblia foi parte desse processo, superando uma perspectiva religiosa limitada que eu tinha anteriormente.

Hoje eu vejo Deus como um pai amoroso, um amigo que impõe regras e valores importantes para nos proteger da dor e do sofrimento, mas que nos ama acima de tudo. Esse entendimento se distancia do retrato frio e distante muitas vezes associado a Deus em algumas vertentes religiosas. Freud, por exemplo, embora ateu, apresentou uma teoria interessante: ele dizia que a percepção de Deus é moldada pela figura dos pais na vida de cada pessoa. Ou seja, eu percebia Deus de maneira semelhante à forma como enxergava meu pai, como uma presença distante que poderia me abandonar, criando em mim a sensação de que eu precisava conquistar Seu amor.

No relacionamento, essa busca por "aprovação divina" refletia na maneira como eu aceitava ser insultado. Eu acreditava que merecia uma vida de fracassos e humilhações, uma visão distorcida alimentada por experiências passadas. Eu me sentia compelido a conquistar esse amor, assim como busquei conquistar o amor de meu pai no passado.

Diante desse cenário, eu recorri à leitura da Bíblia para entender mais profundamente sobre Deus. Também busquei ajuda na terapia, inclusive iniciando meus estudos em psicanálise. Quando eu finalmente tomei a decisão de terminar esse relacionamento, lembro perfeitamente que, só naquele mês, a pessoa havia terminado comigo por três vezes. Isso mesmo: ela terminou comigo três vezes em 45 dias, mas eu implorei para ficar, principalmente porque amava a minha vida e a igreja que íamos. E eu a amava também, mesmo com tantos insultos.

Eu amava a igreja que eu frequentava, os amigos que eu tinha, a vida que eu tinha e eu pedi para a pessoa para não me largar. E ela acabou me deixando ficar.

Na terceira vez, eu me lembro que eu fiquei muito mal e percebi que eu estava implorando para ficar num relacionamento, e que isso não era saudável e muito menos o que Deus havia me prometido. Eu já havia aberto mão de tudo: amigos, família, de pregar na igreja, pois ela não gostava, dos meus hobbies, do meu time do coração, da minha música, da minha essência. E o que eu ganhava em troca? Alguém que me insultava, agredia fisicamente e fazia questão de me rebaixar.

Foi quando eu cheguei para a pessoa e disse:

"Você largou de mim três vezes nos últimos 45 dias e eu pedi para ficar".

Eu mal terminei de falar, ela esbravejou: tome uma decisão, vire homem!

Então, eu disse que atenderia ao pedido dela.

Então, começaram os gritos: vá embora daqui! Vá embora agora!

Foi então que começou um processo de difamação. Nesse processo, as pessoas que diziam que eram minhas amigas da igreja, do nosso convívio, e até pessoas que eu chamava de pai e de mãe, de tios; pessoas que eram da minha família, tinham meu sangue, sequer vieram me perguntar qual era a minha versão da história, mas simplesmente compraram a versão dela, que claro, era uma versão distorcida, mentirosa e vitimista.

Para todos, eu abandonei uma mulher frágil, uma princesa que estava enfraquecida e doente. Na realidade, ela largou de mim, me mandou embora de casa e colocou as minhas roupas em sacos de lixo.

Até hoje essas pessoas não sabem que eu tinha sido agredido duas vezes fisicamente durante meu relacionamento; que eu tinha tentado de tudo para manter o relacionamento; até mesmo que eu tinha implorado para não termos uma separação.

As pessoas não sabem que eu paguei todos os tratamentos de saúde, psíquicos, psiquiátricos, e mesmo que eu cheguei a pagar cinco modos de terapia ao mesmo tempo, mais medicamentos.

E aí, é claro, a narcisista não considera nada disso. Ela começou a espalhar que eu era devedor, que eu era caloteiro, que eu era narcisista, que eu estava traindo, que eu tinha outra mulher (mas se eu era gay, como eu teria outra mulher? Não importa, o importante pra eles é acabar com sua imagem), que eu não dava conta no sexo, e uma série de outras formas de difamação.

Ela disse até mesmo que eu era adúltero, algo que nunca fui na minha vida, porque antes de ser fiel a uma mulher, eu sou fiel a Deus!

Quando saí, ela chegou a profetizar para a minha própria mãe: ainda vamos vê-lo na sarjeta, na pinga, sem dinheiro, porque Deus vai tirar tudo dele.

Mas Deus é poderoso e não permite que palavras satânicas se cumpram! Glória a Deus! O que aconteceu foi que, depois que saí dessa relação, Deus me deu três vezes mais. Minha vida decolou em todos os sentidos.

Naquele momento, as pessoas se afastaram de mim porque eu passei a ser uma pessoa má, de acordo com que era dito sobre mim. E até hoje essas pessoas nunca me perguntaram o que havia acontecido; a minha versão da história.

O narcisista não sabe lidar com a rejeição. Então, quando você diz para ele que você não o quer mais, ele passa a te jogar para baixo e te humilhar. Tanto que eu recebi uma mensagem de uma pessoa da família dela, certa vez, logo após ter terminado o relacionamento, dizendo que eu era igual ao meu pai, e que eu estava destruindo um relacionamento.

A mensagem ainda dizia que a diferença entre eu e o meu pai é que eu conhecia a Deus; que eu tinha conhecimento, era abençoado materialmente e tinha a luz de Deus. Você percebe como a família, mimadora e protetora de erros, se contradiz? Se eu era ruim, como podia ter tudo isso de bom? O desespero faz você ficar cego para o verdadeiro erro e que mora dentro da sua casa. No fundo, eles se sentiam culpados, pois sabiam a pessoa que haviam criado e o que ela estava fazendo comigo. Era vergonha.

E está tudo bem. Hoje, eu os perdoo. Até mesmo porque, se seguirmos a nossa linha de raciocínio de que as dificuldades e as pessoas que te vendem como escravo estão te ajudando a chegar ao cargo de governador do Egito, precisamos agradecer a essas pessoas e perceber que, no fundo, elas foram instrumentos de Deus para me tirar daquela situação de humilhação, xingamentos e venda de imagem de um família feliz, mas triste do portão pra dentro.

Sobre meu pai, ainda que eles tentem dizer o contrário, eu tenho o maior orgulho dele. Posso dizer que tive o melhor pai que eu poderia ter. Ele me ensinou muita coisa… A verdade é que essa pessoa estava tentando esconder o fracasso do narcisismo na família dela, porque quando o narcisista perde o controle da sua vida, ele quer mostrar que você não vale tudo aquilo.

A minha resposta para essa pessoa foi que eu estava fazendo bem diferente, porque meu pai se aproveitou muito da minha mãe, e eu percebi que, na verdade, eu estava vivendo a vida da minha mãe, buscando um amor que nunca chegava e eu não ia mais aceitar ser humilhado e insultado. Eu só precisava de respeito!

Bom, o processo de difamação continuou, e você precisa saber, leitor, que se você quiser sair de um relacionamento com um narcisista, acostume-se com a ideia de você passará a ser a pior pessoa do mundo, porque o narcisista se sente Deus. Só ele é bom, só ele presta, só ele é servo de Deus, só Ele é incrível. E se você abandonar Ele, você abandonou a Deus.

Por isso, fortaleça o seu lado espiritual, conheça e saiba bem quem é Deus. Descubra quem é você. Descubra quais são suas raízes. Se não, você não consegue bancar o abandono ao narcisista e suas consequências.

Tive um relacionamento também, que assim que terminou, pessoas muito próximas vieram me dizer que essa pessoa narcisista estava espalhando que ela iria me devolver para a favela de onde ela me tirou. Palavras como essas, de que eu era favelado, de que eu não tinha cultura, de que eu era como meu pai, eram constantes.

Eu vou contar agora, leitor, qual foi a favela que eu voltei depois que eu larguei da narcisista!

O INÍCIO DE UMA NOVA VIDA PRÓSPERA

O que aconteceu logo em seguida, após o fim desses relacionamentos, foi que no dia que eu decidi sair dessas relações abusivas - a minha vida mudou! Quando decidi não aceitar menos do que mereço, as portas e janelas dos céus se abriram e passei a receber bênçãos que minhas mãos não deram conta de segurar.

Eu já estava produzindo conteúdos para Instagram, TikTok, para as mídias em geral, fazia mais ou menos seis meses, com pouco mais de mil seguidores no Instagram, e cerca de duzentos seguidores no TikTok; um número absolutamente pequeno - eu lembro como se fosse hoje, que no fim de um relacionamento, a pessoa colocou as minhas coisas num saco de lixo (porque o narcisista faz isso, ele quer te humilhar) para me dar a sensação de que eu estava realmente saindo dali como um mendigo, eu aluguei um Airbnb para me estabilizar, e quando cheguei, sentei e coloquei os sacos de lixo na minha frente e olhei no celular: tinha viralizado um vídeo meu no TikTok. Eu tinha dormido com 200 seguidores e acordado com mais de 35 mil.

Lembro-me da cena como se fosse hoje: o saco de lixo com as minhas coisas, o rosto inchado de tanto chorar, uma mensagem da família dela dizendo que eu era como o meu pai, a minha mãe ouvindo que meu fim seria na cachaça e na sarjeta, mas no celular a voz de Deus me dizendo: agora, você tem 35 mil pessoas que precisam de você! Vá e liberte as pessoas do demônio!

O vídeo que viralizou era exatamente o que falava sobre o narcisista. Eu me lembro que naquele momento eu vi como um sinal de Deus, me dizendo para eu não parar, não voltar atrás e continuar, porque eu ainda ajudaria muita gente a sair do buraco que eu estava saindo.

E como está escrito na Bíblia, "uma glória chama outra glória". A partir dali, o algoritmo passou a trabalhar para mim. Eu saía diariamente de 35 mil para 45, 55 e hoje eu tenho mais de 150 mil seguidores no TikTok. Naquela mesma semana, o mesmo vídeo viralizou também no Instagram e eu que tinha mil seguidores, acordei com 40 mil e a partir dali foram vídeos sendo viralizados, um atrás do outro.

Hoje, quando eu olho para o meu Instagram com mais de meio milhão de seguidores, e quando eu junto todas as minhas mídias, eu vejo mais de 2 milhões de pessoas me seguindo, vídeos com mais de 15 milhões de visualizações, vídeos que viralizam toda semana, todo mês - o que me fez ter uma grande relevância na vida das pessoas - para mim isso é o que mais importa. Esses vídeos e essas mídias sociais transformaram a minha vida porque eu passei a ser um psicanalista respeitado e de renome no Brasil, sendo um dos principais nomes hoje quando se fala de relacionamento - e não só de relacionamento, mas de relacionamento cristão, relacionamento com narcisista, relacionamento saudável.

Vejo centenas de pessoas comprando os meus cursos, buscando ouvir os meus podcasts, assistir aos meus vídeos no youtube e ler meus textos no meu site. Tudo isso me serve como um presente, um sinal de Deus para que eu não pare e continue levando a liberdade de espírito a quem sofre nas mãos do demônio chamado narcisista.

Eu sou conhecido, hoje, como um dos poucos (talvez o único) membro da Congregação Cristã no Brasil que fala sobre esses temas. E isso me enche de orgulho e faz dizer: Deus, hoje eu entendo o meu ministério. Ele não pode estar preso ou atrelado a um púlpito; ele alcança almas e vidas que nenhuma igreja consegue alcançar. Glória a Deus.

A narcisista me proibiu de pregar, Deus me libertou para pregar para milhões.

Eu virei uma das principais referências do Brasil. Já dei dezenas de entrevistas a veículos regionais e nacionais, já participei de inúmeros podcasts, já lancei um curso que transformou a vida de dezenas e centenas de pessoas, que ensina como abandonar o narcisista e ainda continuo fazendo muito mais!

Assim que eu saí desse relacionamento, tive todo esse processo de viralizar e me tornar uma referência no Brasil e também no mundo, porque hoje metade dos meus pacientes pagam em dólar ou em euro, ou seja, são de outros países. Eu virei uma referência no tema para o Brasil e para o mundo, e tudo isso surgiu de uma dor.

E essa foi uma promessa de Deus que, quando eu ainda via a chuva escorrendo na telha, no meio dos ratos e baratas, dizia: você e o seu nome ainda vão atravessar o oceano e você ainda vai receber muitas moedas internacionais.

Eu nem sabia o que era isso!

Em 2024, Deus cumpriu mais uma promessa em minha vida: conhecer a Alemanha e alguns países da Europa. Lá, eu contei testemunhos, preguei a palavra de Deus, falei da sua graça e vi milagres que me fizeram conhecer Deus de uma forma ainda mais íntima. Eu compartilhei parte dessa experiência nas minhas páginas e adoraria que você viajasse nisso comigo.

Então, quando eu digo que Deus tem a capacidade de transformar a nossa miséria e a nossa dor em glória, é porque Deus fez isso comigo. E Deus fez isso pra provar para mim e para as pessoas, que Ele pode tudo. E pra provar que Ele é Deus e Ele faz o que Ele quiser.

Foi muito importante pra mim isso acontecer na mesma semana da decisão de abandonar a narcisista, porque com certeza foi um sinal de Deus me dizendo que me ama, e que a partir daquele momento, onde eu colocasse as minhas mãos, Ele colocaria as Dele. Se eu posso dizer que teve uma coisa que aconteceu foi realmente isso: até hoje, onde eu coloquei as minhas mãos, Deus colocou as Dele, onde eu coloquei os meus pés, Deus colocou os pés Dele.

Lembra daquela parte da minha história em que a narcisista disse que me devolveria pra favela que ela me tirou?! Pois eu digo que *"toda arma forjada contra ti não prosperará; toda língua que ousar contra ti em juízo, tu a condenarás." (Isaías, 54:17)*

O narcisista pode até dizer que vai acabar com a sua vida e pode te difamar, mas Deus é Aquele que guarda aqueles que Ele ama. Quando você abandona o narcisista, você melhora a sua vida, você deixa de ser humilhado, você deixa de ser colocado como lixo e deixa de ouvir tantas coisas negativas.

No dia que eu saí desse relacionamento, um vídeo meu viraliza; na mesma semana, meu perfil no Instagram viraliza, e aí viralizei nos blogs, no YouTube, viralizei em todas as plataformas. E tem mais: meu ticket médio de preço por terapia teve uma valorização de mais de 400%. Isso aconteceu pelo nome que eu ganhei, que fez com que eu pudesse cobrar mais pelas minhas consultas.

Foi só eu sair dessa relação com a narcisista que eu conquistei cinco vezes mais em apenas 12 meses. Não falo isso para me gabar, querido leitor... Eu falo isso para te incentivar a abandonar o narcisista que está ao seu lado, para que sua vida possa caminhar e prosperar também, como a minha! Para que você tenha uma noção, em um ano longe dela eu conquistei meu terreno próprio, uma casa, um carro, duas pós-graduações, fui promovido três vezes em um ano, atingi o nível executivo na empresa em que trabalho...

Eu alcancei posições importantes junto a empresa em que eu lidero a parte de recursos humanos: a empresa se tornou a melhor empresa do Brasil para se trabalhar! Junto disso, eu passei a ser conhecido em todo o sistema, em todas as empresas, em todo o estado, em todo o Brasil e em todo o mundo.

As pessoas hoje me procuram pedindo ajuda para questões psíquicas, emocionais e espirituais. As pessoas me procuram para ajuda profissional e orientação de carreira. Eu tenho, hoje, junto comigo, mais de mil pessoas que são impactadas pelo meu trabalho diretamente na empresa que eu estou. Eu tenho milhões de seguidores nas mídias sociais, e se você está lendo esse livro, você é mais uma pessoa sendo impactada e tendo a vida transformada pela dor que eu passei. Então hoje eu olho e comparo tudo que eu passei com a história de José.

José do Egito tem uma história que eu vou resumir muito aqui. Essa história está escrita no livro do Gênesis, na Bíblia, que você pode ler completa. Mas a história de José me chama a atenção por alguns pontos, e o primeiro deles é o fato de eu também me chamar José e ter promessas na minha vida, em que Deus sempre disse que a minha história seria parecida com a de José do Egito.

Eu sempre amei muito as pessoas e me entreguei para elas. E as pessoas decidiram me vender, como os irmãos de José o venderam. Os irmãos de José venderam ele como escravo para uma outra nação. E todo mundo pode pensar que numa situação como essa, há um mal acontecendo com José. E realmente havia. Mas todo mal contra um escolhido de Deus é, na verdade, um bem ainda não compreendido. O mal nos leva para o caminho que ele quer!

José tinha tudo para ter raiva desses irmãos, mas 20 anos depois, esses mesmos irmãos, passando fome, são obrigados a ir para a terra onde o seu irmão foi vendido. José se tornou governador do Egito, e passou a ser o homem mais poderoso de lá, abaixo somente de Faraó.

Os próprios irmãos que o venderam foram até ele e se humilharam, ajoelhando-se e pedindo comida. E José, ao invés de negar e pisotear em cima dos irmãos, diz a eles que ele não era Deus para julgá-los. José ainda disse que eles nunca o fizeram nenhum mal, mas que, quando o venderam, não foram eles próprios que o tinham vendido, mas Deus.

José enxergou que quem o vendeu, na verdade, foi Deus, por saber que tudo o que acontece em nossas vidas é fruto das mãos de Dele, direcionando-nos para um melhor caminho. Os irmãos só fizeram parte do plano de Deus em sua vida. Porque se José não tivesse sido vendido, ele não estaria na posição em que ele estava quando os irmãos retornaram. José prosperou como escravo, como preso, como estrangeiro, como humilhado e como vendido. Porque a bênção e a prosperidade independe de quem te amaldiçoa.

Eu prosperei com as maldades do meu pai, com a doença da minha mãe, com a minha doença, a gravidez da minha irmã, a fome, a sede, a solidão, as agressões, as mentiras, as difamações e as humilhações em relacionamentos. Eu prosperei mesmo quando as minhas roupas estavam em um saco de lixo.

Porque o diabo pode até te colocar no lixo, mas Deus te tira por cima e te dá a vitória no mesmo instante. O que importa é o conteúdo e onde você quer chegar, não onde te colocam. Porque Deus é poderoso para fazer a caixinha de pérolas valer nada e o saco de lixo ser a coisa mais valiosa do mundo em segundos.

QUANDO DEUS ABENÇOA, NINGUÉM AMALDIÇOA!

As pessoas podem olhar para você e dizer que "vai te devolver para a favela que você saiu", podem colocar a sua roupa em sacos de lixo, podem te trair ou chamar do que quiser, mas, se Deus disser que a sua vida é de rei, você será rei. As pessoas podem dizer que você é igual ao seu pai, igual à sua mãe, que você é igual ao seu avô, à sua avó, enfim... As pessoas podem dizer que você é narcisista, que você não é homem, que você não vai ser próspero, que você não vai vencer. Mas o que as pessoas dizem sobre vocêdiz muito mais sobre elas mesmas. A verdade é que elas são assim, por isso que elas dizem isso pra você.

O que realmente importa é o que Deus diz sobre a sua vida, e Deus colocou uma bênção sobre a minha cabeça e sobre a sua cabeça, e Deus disse *"quem eu escolhi para vencer, quem eu escolhi para reinar, quem eu escolhi para ser rei, não será colocado em um cargo abaixo."* Então, hoje eu louvo e agradeço a Deus, porque Ele me exaltou dentro dessa dor.

Hoje posso dizer que todas essas pessoas que aparentemente me fizeram mal, na verdade, não fizeram. Elas fizeram parte do plano de Deus para que hoje eu estivesse vivendo a vida que eu vivo, e elas não estariam preparadas para viver essa vida ao meu lado. Se elas estivessem comigo hoje, talvez nem eu mesmo estivesse vivendo a vida que eu vivo hoje, que é uma vida plena, feliz, de preenchimento, com propósito, com bênçãos materiais, espirituais e de reconhecimento.

Tudo aquilo que Deus me prometeu ao longo da vida, Ele tem cumprido, e vai cumprir muito mais. Então, hoje eu olho para essas pessoas que me venderam como escravo, e digo para elas: muito obrigado! Muito obrigado, eu amo vocês por terem me vendido, porque dentro disso, vocês fizeram parte do plano de Deus para que essa exaltação acontecesse em minha vida.

O que José disse para seus irmãos eu digo para essas pessoas: eu não sou juiz e nem sou Deus para dizer onde cada um errou e acertou. Deus me mandou para esse lugar primeiro para um dia poder ajudar vocês. E se um dia qualquer uma dessas pessoas precisar de ajuda, minhas mãos estarão abertas, porque, enquanto elas têm maldição para oferecer, Deus colocou bênçãos, prosperidade, alegria e dons em mim, e é isso que eu posso dar para as pessoas.

Então hoje eu louvo e agradeço a Deus, porque todo mal que foi lançado contra a minha casa, foi transformado em benção, e hoje eu estou aqui dizendo para você que todo mal lançado por qualquer narcisista sobre você e sua casa, será derrubado em nome de Jesus Cristo. Você vai vencer. Você vai vencer, porque no próximo capítulo eu vou te ensinar como vencer esse demônio chamado narcisista, através de conhecimentos psíquicos, teóricos, práticos e também de uma ajuda espiritual.

O que for teórico e o que for material, você vai aprender, e o que for espiritual, em nome de Jesus Cristo, você vai vencer, vai ser expulso da sua vida na leitura desse livro.

Esse livro não é só uma cura material, psíquica e emocional, mas é também uma cura espiritual, e você vai vencer as suas batalhas.

Eu te digo, leitor, você vai vencer! Confie em Deus, e continue lendo os próximos capítulos para começar a transformar sua vida.

E lá vamos nós!

CAPÍTULO 2.

POR DENTRO DA MENTE NARCISISTA

DOENÇAS MENTAIS: COMO SE FORMAM E QUAIS OS IMPACTOS

A partir de agora, você vai se deparar com uma abordagem direta e resumida da metodologia que eu criei para abandonar o narcisista, mas quero já te avisar, leitor, que você pode se aprofundar ainda mais nessa metodologia a partir do meu curso COM NARCISISTA NÃO SE NEGOCIA, NARCISISTA SE ABANDONA, e que você pode adquirir por meio do meu site www.psicanalisando.com.

Indo direto ao que interessa, quero começar este capítulo sobre a mente do narcisista, falando das doenças mentais de maneira geral. É fundamental que você compreenda alguns conceitos para que avancemos, afinal o narcisismo pode ser colocado dentro da grande gama de transtornos mentais, mais profundamente, na categoria de transtornos de personalidade.

Os problemas da mente sempre existiram. Se olharmos para os homens das cavernas, já podemos identificar pontos que nos levam a defender essa tese: as pinturas, a forma de vida, os medos...

Quando os homens (falando aqui dos homens das cavernas mesmo) começaram a ouvir os sons da natureza, tal como o som das árvores do vento, dos animais na floresta e todos os outros sons que a natureza emi-

113

tia, ele temia. Podemos dizer, inclusive, que foi aí que o homem começou a criar fantasias, tal como podemos observar ao ver imagens na internet dos desenhos nas cavernas, de monstros, grandes feras e fantasmas.

A realidade, leitor, é que isso tudo nunca existiu. O que existia era o medo, o temor e, possivelmente, problemas como ansiedade, síndrome do pânico e mesmo depressão, que faziam com que as pessoas daquela época tivessem interpretações distorcidas da realidade.

A raiz de tudo isso é a capacidade do ser humano de pensar e raciocinar. Mas dentro desse raciocínio que, em um primeiro momento parece lógico, existe também a fantasia. A fantasia existe para que possamos "fugir" da realidade quando esta realidade é dura demais. Em outras palavras, a fantasia existe para nos proteger, de certa forma, o que se mostra importante para o equilíbrio.

E eu sei, leitor, que você deve estar se perguntando: se a fantasia serve para nos "proteger" de uma realidade ruim, por que ela é considerada prejudicial, em certo aspecto? A resposta é que a fantasia começa a nos prejudicar quando ela passa a tomar todo nosso tempo, e começamos a viver em uma realidade totalmente desconectada da realidade. É neste ponto que entram as doenças mentais.

Mas quando pensamos em tempos mais antigos, devemos lembrar que ainda não se falava sobre doenças mentais. O que se acreditava até o século XIX, por exemplo, e perceba o salto que demos na história e por quanto tempo passamos na escuridão da mente, era na existência de problemas meramente espirituais. Se alguma pessoa começava a sair daquilo que era considerado comportamento normal para a época, e além de pensamentos, ter atitudes aparentemente problemáticas, isso significava que ela estava "endemoniada" e precisava de exorcismo. Esse pensamento se estendeu por praticamente toda a história humana.

Assim como o homem atribuía seus medos da floresta a espíritos, quando as doenças causadas por esses medos surgiram, a causa foi atribuída também a eles. Freud, no livro Totem e Tabu, trata a questão com muita profundidade e eu indico muito a leitura a você, querido leitor.

Ou seja, havia uma confusão entre o que era uma doença mental, e o que era um espírito conturbado. O conceito de espíritos sempre foi muito forte, então, se alguém não estivesse bem, era porque a alma e o espírito estavam perturbados.

Conforme o tempo foi passando, e dando um salto para meados dos anos 1700 e 1800, as clínicas psiquiátricas foram surgindo e, com elas, procedimentos de choque. Muitos tratamentos envolviam descargas elétricas na cabeça dos pacientes para que - os especialistas da época acreditavam nisso - a consciência fosse retomada e o cérebro fosse "reiniciado".

Nada era comprovado ainda, naquela época: tudo era na base da tentativa e erro. Até que, na segunda metade do século XIX, surge um homem chamado Sigmund Freud. Esse homem - que ficou mais conhecido só como Freud - revolucionou a história da humanidade no que diz respeito ao tratamento de doenças psíquicas.

Freud foi o primeiro a dizer que nem todo problema e doença era espiritual, mas que poderiam ser psíquicos. Mais que isso: ele "sacudiu o mundo" ao sugerir que as doenças do corpo começavam na mente. Tem noção de como foi defender essa ideia em um mundo que era comandado só pela religião?

É claro que isso chocou a maior parte das pessoas naquela época. Ele começou a dizer que existia o consciente, o inconsciente e o pré-consciente: conceitos que, para as pessoas da época, eram inconcebíveis. Para a sociedade, Freud estava endemoniado e era o anticristo.

Segundo Freud, todas as coisas que não conseguimos realizar no consciente, nós guardamos no inconsciente; recalcamos. Então, nosso inconsciente torna-se o "lixão" da nossa mente", onde jogamos tudo aquilo que não conseguimos realizar. E é exatamente lá que começam as nossas neuroses.

Aqui, leitor, cito a frase que eu já disse neste livro quando contava a minha história: "quando a boca não fala, exprimem as pontas dos dedos". Ou seja, nada passa despercebido pelo inconsciente, portanto, tudo aquilo que foi sendo guardado nesse lugar (no inconsciente) acaba voltando ao longo da vida em forma de neuroses, que são "respostas" do ego atacado.

É aí que a "criança abandonada" se torna o "adulto carente". Tudo que foi guardado no inconsciente ao longo de toda vida - inclusive desde a infância - pode ser destacado em atitudes que parecem inexplicáveis, mas que são uma resposta a tudo que foi vivido.

Guarde essa informação, pois aí está a raiz da sua dependência no narcisista.

ID, EGO E SUPEREGO: AS TEORIAS DE FREUD

A partir de 1880, Freud começa a chocar o mundo com alguns trabalhos, como a análise dos sonhos, além de livros como "O Mal Estar da Civilização" e outros trabalhos que começaram a trazer à tona o fato de que nem tudo era espiritual. Freud falava da existência de um tal consciente, pré-consciente e inconsciente, e avança nesse campo de estudo, criando uma das teorias mais famosas da psicanálise: ID, EGO e Superego.

Agora, leitor, preciso da sua atenção e foco total porque vou explicar o que são essas teorias que abordam campos psíquicos e como elas comandam a sua vida (inclusive fazem você ficar preso no narcisista). A chave para a sua liberdade está em perceber e compreender bem esses campos.

Bom, nós temos três instâncias psíquicas que comandam o nosso dia a dia. Grosseiramente falando, seria como se elas fossem três campos no nosso cérebro, três "Eu" que se manifestam de diferentes formas.

Freud dizia que a maior parte dos nossos dias, estamos agindo no ID ou no superego, que são instâncias inconscientes. Anos depois, a neurociência veio comprovar, fisicamente, que mais de 95% das nossas ações são automáticas, ou seja: inconscientes.

Vamos refletir sobre isso, leitor? Vou dar um exemplo simples: ao dirigir, quantas vezes você troca de marcha? Provavelmente você não vai saber me dizer, mas seu inconsciente sabe. Se você fosse hipnotizado, seu inconsciente nos daria essa resposta.

Aqui quero fazer um alerta a você que está pensando em fazer qualquer tipo de tratamento envolvendo a hipnose: tome muito cuidado. Não estou aqui invalidando esse tipo de tratamento, mas é necessário entender que qualquer tipo de mudança deve se dar, antes, no nível consciente, através da percepção e da consciência de que se precisa mudar, e não no nível inconsciente - que é o nível atingido com a hipnose. Portanto, tome muito cuidado e procure um profissional muito bem preparado para esse tipo de tratamento. Na dúvida, não faça!

Voltando às teorias de Freud, vou começar falando do ID: o ID é a parte de nós que é caótica e busca prazer a todo momento. Essa parte despreza a existência de outras pessoas e foca exclusivamente no seu prazer. Ele é caótico, sem regras, birrento e quer somente o que lhe interessa. Ele quer buscar o prazer momentâneo, o "agora" e o "hoje", a qualquer custo. Viver pelo ID pode parecer extraordinário, afinal, é a parte que busca todo tipo de prazer. Mas é perigoso, afinal, ele não mede as consequências. Aqui que está o prazer no sexo, na raiva, no amor, nas bebidas, nos vícios... Enfim, em tudo aquilo que nos dá prazer somente pelo prazer, de forma irracional, mas instintiva e prazerosa.

Aí que entramos no EGO: o ID, com toda a busca dele por prazer, fica "pulsando" dentro de nós; fica pulsando para que façamos algo que nos dê prazer, e manda esse impulso para o EGO que, por sua vez, somos nós mesmos, a nossa consciência, a ponta do Iceberg que fica para fora da água, o que as pessoas veem. São nossos comportamentos visíveis.

Esqueça, aqui, este termo no sentido de "egoísmo" e mesmo de "egocentrismo". O EGO, dentro da teoria de Freud, tem outro significado. Em alemão, Freud usava o termo "Ich", que significa "eu", na tradução livre em português - mas que foi trazido como "ego". Ou seja, esse EGO nada mais é do que a parte consciente, que somos nós mesmos. É a parte que menos usamos na vida, pois estamos sempre no automático ou no nível inconsciente. O grande desafio da vida é justamente fortalecer o ego para não ser comandado pelo ID, que vai te levar ao prazer, mas acabará com a sua vida. Um ego fortalecido não precisa ser preenchido pelo ID, pois já se sente realizado. Já um ego enfraquecido precisará, cada vez mais, de compensações instantâneas para se sentir bem.

Gosto da comparação das nossas instâncias psíquicas que as remete a um iceberg. Imagine, leitor, um iceberg. Nele, temos o consciente e o inconsciente. Na parte de baixo das águas - representado pelo inconsciente - temos o ID e o superego, que não aparecem para o mundo externo. O que aparece é o EGO, justamente a ponta do iceberg.

Então, quero que você compreenda o seguinte: o que o mundo vê, o que as pessoas e você vê sobre si mesmo é apenas uma pequena parte, aquela que se pode ser visível aos olhos, mas o que sustenta tudo em você é a base da montanha de gelo. A maior parte está onde ninguém vê: sua história, seus conteúdos e comportamentos inconscientes. Ali, estão o ID e o Superego, que são formados desde a sua concepção e influenciam em tudo o que você faz no nível consciente.

Acompanhe o raciocínio: o ID gera uma pulsão até o EGO, que vai alterar o comportamento que as pessoas veem do lado de fora. Se mais de 95% das nossas ações são inconscientes, isso significa que agimos e fazemos coisas que não gostaríamos de fazer, mas que, por conta do

ID que está em nosso inconsciente, acabamos fazendo. E fazemos para ter algum tipo de compensação, para preencher um vazio ou para nos conectar àquilo que já conhecemos ou vivemos na nossa infância.

No fundo, estamos sempre buscando um prazer já conhecido!

Se eu te perguntar agora, leitor, se você gostaria realmente de estar nessa relação narcisista que você está agora, você certamente diria que não. Mas acontece o que muitos pacientes me dizem: pessoas que estão em uma relação narcisista, não conseguem sair. Mas, afinal, por que não conseguem? A resposta, leitor, é que esse narcisista certamente despertou o seu ID, ou o seu superego, ou seja, despertou prazer em você, ainda que isso te mate. Esse narcisista ativou boa parte das suas instâncias psíquicas. Você não sabe, mas ele está preso a questões que você carrega desde a barriga da sua mãe. Ele se conectou ao que está no fundo do seu iceberg. Para vencê-lo, precisaremos mergulhar lá!

O ID serve ao EGO, ele quer que estejamos sempre bem, e usa o prazer para isso. Não importa a consequência.

Agora, pense: buscar prazer instantâneo a todo momento pode significar que você, leitor, não está bem consigo mesmo. Seu ego é frágil, sua identidade esfacelada e, para suprir isso, recorre aos prazeres instantâneos, porém inconsequentes, para se manter bem. Por mais que esses prazeres possam te matar ao longo do tempo, eles aliviam, momentaneamente, o vazio causado por um ego mal estabelecido: drogas, sexo, músicas, bebidas, beijar várias pessoas em uma festa, baladas, entre outras coisas. Aqui, entram, claro, relacionamentos ruins. Por mais que eles sejam ruins, acabam por despertar prazer através da adrenalina que provocam. Se você não consegue viver sem, está viciado. E o vício é a ação do ID para não te deixar ver o vazio que tem no seu ego.

Pegue essa chave: o narcisista desperta o seu ID naquele momento que entrega uma experiência incrível e surreal de amor, sexo, cuidado, carinho... mais que isso: ele entrega a você exatamente aquilo que lhe faltou na infância, aquilo que você tanto busca preencher desde que era pequeno.

Quero que você reflita, leitor. Quando o narcisista chegou em sua vida, ele fez o ID ou superego preencher qual vazio do seu EGO? Qual foi o ponto que ele acessou e que você se sentiu preenchido (a) com aquilo?

Atente-se: ao longo desses capítulos explicativos, farei algumas dessas perguntas para que você pare um pouco a leitura, marque onde está aqui no capítulo, e reflita. Faça uma reflexão verdadeira e completa da sua vida, e só retome sua leitura após pensar, pelo menos um pouquinho, sobre essas questões que estou colocando. Vai lá, coragem!

Lembra-se da minha história de vida? Narcisistas só se proliferaram comigo porque eu tinha um vazio de pai, de cuidado, de validação, e que foi preenchido quando alguém dizia que queria cuidar de mim. Compreende? Agora, responda em voz alta: qual foi o vazio que o narcisista preencheu em você? Depois de refletir nos pontos que coloquei, vamos retomar as explicações.

Se o ID busca o prazer instantâneo, sem pensar, logo depois que satisfazemos esse prazer, vem a culpa. Vou dar um exemplo: quando o ID dá uma pulsão para que você coma doce, e você acaba comendo demais, logo vem a culpa por ter comido. O medo de engordar, de ficar doente ou obeso; vem o medo do que as pessoas vão pensar de você por ter comido demais.

Agora, preste atenção que vamos incluir o superego na história: a "culpabilização" começa, e quem tem a função de culpar as ações do ID é justamente o superego. Tudo que o ID faz, o superego vem como um "juiz" e "pune". Ele te culpa e pede que você seja realmente punido pelos seus atos. E é aí que você fica mal e depressivo; é aqui que você sente necessidade de carinho e - atenção! - prazer. Para satisfazer esse prazer, o ID entra em cena novamente.

Prazer, culpa, punição: torna-se um ciclo. Dentro desse ciclo, as pessoas se culpam e se perguntam o porquê escolhem ficar com narcisistas e outros tipos de pessoas ruins. Isso acontece, leitor, porque existe um ego fragilizado que não sabe quem é; existe um ego apanhando o tempo todo, ora com prazer, ora com culpa. Essa é a receita perfeita para as neuroses. E os narcisistas se aproveitam dela!

As neuroses nada mais são do que as respostas para os conflitos entre o ID e o superego perante o ego. E elas são infindáveis. Não subestime a sua capacidade de criar neuroses. Até hoje, ninguém conseguiu catalogar todas, mas podemos citar as suas categorias, que você já vai conseguir interpretar: neuroses de angústia, as fóbicas e as obsessivas. Consegue identificar onde a sua dependência pelo narcisista entra?

Dentro dessas neuroses, sentimo-nos cada vez piores e queremos alguém ou algo para nos ajudar a nos livrar das dores. Queremos coisas que nos ajudem a sair desse sofrimento e então projetamos essa necessidade em algo que venha para nos salvar.

Aqui vem uma questão muito importante e necessária para que esse raciocínio faça sentido: nós buscamos a salvação, naquilo ou naquele que a gente conhece. Então, se ao longo de nossa vida tivemos o amor como "abuso", nós vamos buscar alguém que nos abuse e ainda vemos isso como salvação das nossas neuroses. E é por isso que ficamos presos a coisas conhecidas por todos como ruins, mas para o neurótico, a busca faz todo o sentido. É o que se conecta àquilo que ele conhece.

Se a dor for "familiar" para você, então é a dor que você vai buscar e é nela que vai se refugiar. Você vai buscar a dor, porque é a dor que te dá segurança. A dor é sua zona de conforto. Consegue entender, leitor? Essa é a receita do neurótico. E é o neurótico que busca terapia, que busca ajuda.

No outro campo, existem pessoas que vivem menos esse conflito, e são mais levadas pelo ID. Dentro desse campo, existem os psicóticos. E dentro dos psicóticos - com um "pézinho" na neurose - temos os narcisistas!

1	2	3
NEUROSES	PSICOSE	PERVERSÃO
Fobias	Esquizofrenia	Fetichismo
Obsessões	Bipolaridade	Sadismo
Angústia	Psicopatias	Voyerismo

Criei as classificações acima, que são muito simplificadas, para melhorar a sua compreensão sobre o tema. Na coluna 1, estamos nós, as pessoas "comuns", que sentem necessidade de prazer, realizam (ou não) e, em seguida, sentem culpa. Na coluna 2, as pessoas que vivem fora da realidade e criam o próprio mundo. Na coluna 3, aqueles que transitam entre as colunas 1, 2 e 3. É aqui que o narcisista se enquadra.

O narcisista só não é psicopata porque, diferentemente do que muitos pensam, eles sentem culpa, eles sentem todas as emoções. Ele não é louco, não é psicótico, ele sabe exatamente o que faz e o faz porque quer fazer. Ele tem consciência do seu mal e o faz pelo prazer. Há teóricos que vão dizer que ele sente culpa, mas que só por milésimo de segundos. Em seguida, ele cria uma realidade para satisfazer a sua necessidade. Ele cria uma mentira para que o mundo o adore. Ele ignora as próprias emoções em prol da própria adoração.

Já o psicopata não sente emoção alguma. Percebe a diferença? Contudo, quero dizer que ambos são igualmente nocivos para quem se relaciona. Enquanto um não sente, o outro sente, mas ignora. O resultado prático é basicamente o mesmo.

Com minhas observações na clínica, é exatamente isso que acontece. O narcisista até consegue ter auto reflexão, mas quando percebe que o problema é ele, cria logo uma versão só dele, que o coloca por cima, e a culpa é sempre do outro. Ele sabe que tem um certo grau do superego acusando, mas ele "burla" esse sistema.

O psicopata, por exemplo, sequer recebe culpa. Já o narcisista, ele recebe a culpa, mas por ser habilidoso em mentir, ele cria uma fantasia para mentir e dizer que ele errou por culpa do outro. Tudo que o narcisista sente de culpa, em milésimos de segundos, ele inventa uma mentira para se livrar dela.

Aqui, eu classifico o narcisista como pior que o psicopata, pois, enquanto o psicopata tem um problema muitas vezes genético e é incapaz de ter autorreflexão por uma questão genética e física, o narcisista mente porque quer, porque é maldoso mesmo. E ele gosta de ser assim!

Assim como o psicopata, o abuso do narcisista se dá de maneira psicológica, deixando a vítima enlouquecida ao longo do tempo.

E não se agrava a ajudá-lo: quem tenta salvar um narcisista acaba, sempre, pedindo a morte. Lembre-se: ele pode até parecer que se conscientizou do que fez, mas em algum momento ele criará a mentira para dizer que só errou porque você o induziu a isso.

Narcisistas mentem tanto quanto respiram! É um estilo de vida.

O QUE É O TRANSTORNO DE PERSONALIDADE NARCISISTA

O narcisismo é um transtorno de personalidade e que, por isso, não tem cura e nem mesmo tratamento para que a pessoa deixa de ser narcisista.

Vou repetir: o transtorno de personalidade narcisista NÃO TEM CURA!

Releia essa frase um milhão de vezes antes de continuar. Você precisa se convencer disso, caso contrário. Sua leitura não adiantará de nada!

Eu sei que essa é uma informação triste, de certa forma, sobretudo para aqueles que querem mudar alguma pessoa que tem esse transtorno, mas infelizmente é uma realidade que precisa ser aceita.

Para mudar, precisamos aceitar o erro e, para isso, é necessário ter autorreflexão, aceitar a culpa e, então, mudar. Como se muda alguém que cria mentiras para fugir das próprias autorreflexões? Por isso, narcisistas nunca vão mudar!

É impossível mudar que não vê problema nas próprias atitudes. Releia até se convencer disso!

Aqui, vale um dado teórico e técnico: todos nós temos um lado narcísico, e isso é muito bom! É algo que ativa a nossa vaidade, nosso autocuidado e até mesmo a maneira com que nos arrumamos e cuidamos de nós. É aquilo que eu sempre costumo dizer: tudo precisa ser equilibrado; até mesmo aquele lado que é ruim, por natureza, pode ser bom com o equilíbrio: o narcisismo vem para provar isso.

A grande questão, leitor, é que ter um lado narcísico bem elaborado não é um problema. O problema é que a pessoa que tem o transtorno de personalidade narcisista sempre enxerga uma possibilidade de aparecer e estar em evidência, mesmo que precise "passar alguém para trás" para que isso ocorra. Aquele que tem o transtorno de personalidade narcisista não tem limites e valores que equilibram suas atitudes de forma a não prejudicar ninguém.

Aliás, essa é a grande diferença entre pessoas que simplesmente tem o lado Narciso forte e quem tem o transtorno de personalidade narcisista: pessoas sem o transtorno conseguem ter empatia e saber os limites para aparecer - e o limite é justamente o envolvimento de outras pessoas, ou seja, tudo que for prejudicar o outro, não vai ser feito. O indivíduo que tem o transtorno de personalidade narcisista, não: ele não se importa se algo vai prejudicar alguém ou não, mas o que importa é simplesmente seu bem estar. A ausência de empatia é a marca mais forte desse ser!

O narcisista tem uma noção de superioridade que só existe na cabeça dele. Basicamente, essas duas características definem um narcisista: complexo de superioridade gigantesca e ausência de empatia. Para facilitar seu entendimento, leitor, entenda o narcisista como a pessoa que se acha Deus. Aliás, ele tem certeza que é.

Existe um ponto de partida para todas as ações do narcisista, e esse ponto de partida é o mesmo: ele analisa e planeja o que ele pode fazer para que as pessoas que estão ao seu redor - ou qualquer pessoa com quem ele queira se relacionar - tornem-se servas e admiradoras dele. Afinal, o narcisista realmente acredita que é superior, e por isso, precisa ser servido - como Deus.

É aí que o narcisista utiliza a técnica do espelhamento. Essa técnica consiste em criar um "espelho" do comportamento da pessoa com a qual ele está se relacionando. Vou te dar um exemplo: certo narcisista começa a se relacionar com alguém que ama cerveja e futebol, mas ele mesmo (o próprio narcisista) detesta! A partir do momento que ele começa essa relação que ele tanto deseja, ele faz um "espelho" e começa a gostar - ou melhor, fingir que gosta - de futebol e cerveja também! Entendeu a jogada?

Esse narcisista começa a proporcionar as melhores experiências com as melhores conexões para a pessoa com quem ele está se relacionando, a ponto dessa pessoa acreditar que encontrou a melhor pessoa do mundo para estar ao lado. Ou seja, o narcisista faz com que rapidamente a outra pessoa "se entregue" a ele, para que assim ele possa realizar seu plano, que é o de ser superior, querendo evidenciar a todo momento e para todo mundo que ele próprio é o "salvador" e a pessoa "perfeita" que mudou - para melhor, claro - a vida da pessoa que está com ele.

Entenda, leitor: na cabeça do narcisista ele precisa ser elevado. E ele faz isso em todas as ocasiões, em todas as oportunidades e com todos com quem ele se relaciona.

COMO O NARCISISTA COSTUMA AGIR

A raiz do narcisista está na falta, na carência e na ausência de ligação emocional. Isso significa que, ao contrário do que possa parecer, o narcisista tem, na verdade, um ego pequeno, frágil e bastante esfacelado. Sim, leitor, a pessoa narcisista se sente como um lixo e, mais que isso, sente como se não fosse nada.

Aqui, uma informação importante para a sua vida: toda vez que alguém precisar dizer, reforçar e esfregar na sua cara que é algo, significa que ela não se sente boa o suficiente. Pessoas grandes sabem que são pequenas e, por isso, não humilham os outros nem se sentem superiores a ninguém. A grandeza delas está na sua forma de vida, nas suas atitudes e no desejo de que mais pessoas cresçam. Já as pessoas pequenas, por não se sentirem boas, precisam sempre diminuir as pessoas ao seu redor para, assim, ficarem grandes. Narcisistas são exatamente assim.

É justamente por se sentir um lixo que o narcisista cria uma fantasia de que ele é superior. Para se auto enganar e não precisar encarar o fato de que ele é uma pessoa pequena (como ele acredita, no fundo). O narcisista cria essa ilusão de ser um ser superior.

Para que seu "reinado" pareça ainda mais verdadeiro, ele coloca as pessoas que estão ao seu redor abaixo do lixo, para que assim, ele se sinta superior. No caso de pais narcisistas, por exemplo, é comum que seja criado um ambiente de disputa para que os próprios pais sejam sempre os vendedores. É cruel, já que é inconcebível imaginar que uma criança, que precisa de proteção e segurança, precise disputar algo com um adulto.

Quando um filho nasce, o pai (ou a mãe) narcisista utiliza daquela criança para se promover, dizendo em alto e bom tom, e para o maior número de pessoas que pode, que aquela criança terá o "melhor pai do mundo". Outra ação comum é dizer que o filho só venceu na vida graças a ele. Basta o filho dizer "não", que a frase mais comum usada é: você é um ingrato!

E eu sei, leitor, que dói ler isso. Dói ainda mais quando você é filho de narcisistas, e eu sou a prova viva disso (afinal, como você viu no primeiro capítulo deste livro, eu tive um pai narcisista e senti na pele essa dor de ser usado pelo próprio pai, como objeto para sua fantasia de superior).

Os pais narcisistas acabam com a identidade de seus filhos, fazendo com que eles cresçam se sentindo péssimos. Esses pais questionam seus filhos a vida toda, colocando "metas de vida" inatingíveis, para que ao não conseguir sucesso em determinada meta ou objetivo proposto por esse pai, o filho se sinta frustrado; sinta-se um lixo. A troco de quê, leitor? Isso mesmo, a troco de se sentir maior; sentir-se superior ao próprio filho. Porque o narcisista não vê pessoas, ele vê coisas ao seu redor.

A identidade de um filho de pais narcisistas cresce comprometida e ele precisa de muitos anos de terapia para reconstruir essa identidade. Os pais narcisistas sempre colocam uma "régua" acima da média - e mais do que isso, acima mesmo do que é possível realizar - para que os filhos nunca consigam alcançar as conquistas que esse pai ou essa mãe dizem que tem que alcançar. E quando não alcançam, dizem sempre que o filho do outro é melhor. Assim ele ganha a submissão desse filho, que passará a vida toda tentando agradar o pai.

O narcisista usa o próprio filho para se promover. E não pense você, leitor, que o narcisista é "bobo": ele é muito inteligente e tem um "radar" ligado para qualquer oportunidade de destaque. Não importa quem seja, o narcisista não se importa de prejudicar ninguém para que ele possa se destacar; para que ele possa aparecer. Ainda que sua vítima seja seu próprio filho. Uma situação muito comum é a de dar presentes e reconhecimentos públicos, uma tentativa de mostrar às pessoas de fora o quanto ele é um pai maravilhoso, jogando sobre os filhos uma responsabilidade e uma cobrança geral, pois todos passam a dizer: se eu tivesse um pai ou uma mãe assim, daria muito valor. E os filhos, que sabem como as coisas são em casa, passam a viver uma confusão mental gigante: será que estou certo na minha avaliação? Preciso ser melhor!

Esse é o seu caso? Se sim, reflita um pouco. Reflita se seu pai ou a sua mãe já tentou te deixar "para baixo" para que, em troca, pudesse se destacar. Reflita, leitor, se a sua identidade não está abalada e destruída, justamente por ouvir durante uma vida toda que você não é capaz e que não consegue realizar coisas "básicas" - mas que na verdade são coisas criadas pelos seus pais narcisistas para que, de fato, você não consiga realizar e ele te culpe, te humilhe e passe por cima de você.

Está doendo, querido leitor? Se estiver, pare um pouco, tome uma água, respire fundo e retorne depois. Só te peço: não desista. Entender e enxergar uma realidade nunca antes vista e admitida é doloroso e difícil, mas você precisa passar por esse processo para crescer e mudar sua vida, como eu consegui mudar a minha, com a graça de Deus. Não desista, siga aqui comigo… Você não está sozinho (a)!

Voltando a falar de como o narcisista costuma agir, você precisa entender que a pessoa com esse transtorno de personalidade faz de tudo pra se destacar em todos os locais e ocasiões. Eu estava dando o exemplo dos pais narcisistas, mas também podemos aplicar esse perfil no trabalho, por exemplo. O narcisista no ambiente de trabalho consegue manipular todos os seus superiores para que ele chegue em cargos de liderança e de destaque.

Inclusive, na maioria das vezes o narcisista chega rápido em posições de destaque dentro do seu trabalho, justamente por ter esse "radar" ligado. E aí o que acontece quando ele atinge esse patamar? Isso mesmo, ele humilha e pisa em seus subordinados, não somente em questões profissionais, mas até pessoais.

Lembre-se sempre do fato de que o narcisista quer que as pessoas ao seu redor, sobretudo aquelas com quem ele mais precisa se relacionar, sejam subordinadas à vontade dele. Ele quer que as pessoas dependam dele, vivam por ele e obedeçam a ele. Por isso, chefes narcisistas dificilmente promovem seus colaboradores, a não ser que isso sirva para elevar a sua reputação. Além disso, colaboradores que não se curvam à sua divindade ou questionam seus métodos, passam a representar um risco ao seu reinado e são sumariamente demitidos ou enlouquecidos no ambiente profissional. Eles perseguem até que a pessoa peça demissão!

Porque o grande medo do chefe narcisista é ter alguém melhor que ele no time e que seja capaz de roubar o seu lugar. O medo do chefe narcisista é ter alguém melhor que ele no time e que represente algum risco de tomar o seu lugar. Então, ele faz de tudo para ter gente emocionalmente fraca e submissa abaixo dele. Se a pessoa não for, ele fará de tudo para atacar a sua identidade profissional e pessoal, pois ele sabe que a raiz de toda força ou fraqueza emocional está na identidade.

Ninguém ofende quem se conhece!

Os chefes narcisistas são manipuladores, centralizadores e mentirosos com seus subordinados e com quem está abaixo deles em relação a cargos no trabalho, ao mesmo tempo que agradam muito quem está acima na linha hierárquica, justamente para conseguirem subir de cargo.

Parece um comportamento que se repete, não é mesmo? Identificou alguém do seu trabalho que também é assim? O fato é que, seja como pais, no trabalho, ou em qualquer âmbito da sociedade, o narcisista vai sempre parecer uma pessoa incrível e boa.

O narcisista, em público, age de forma maravilhosa, sendo amigo e simpático com todos, afinal, ele faz de tudo para ter "palco". Mas não se engane: seu único objetivo é ser reconhecido, e da "porta para dentro", ele se transforma. Ele acaba com quem está ao seu redor.

Por mais difícil que seja aceitar isso, você precisa entender que não há negociação com narcisista. Você realmente precisa abandoná-lo, independentemente de quem seja. Até o final deste livro, você terá condições de fazer isso.

Se quiser, é claro.

CAPÍTULO 3.

O NARCISISMO NA SOCIEDADE

O RELACIONAMENTO AMOROSO COM NARCISISTAS

Para começar este capítulo, quero pontuar algo fundamental quando falamos de relacionamentos com narcisistas, que é o fato de que podem existir homens ou mulheres narcisistas. Você já viu aqui no primeiro capítulo deste livro que eu tive em minha vida a convivência tanto com o narcisista homens quanto com mulheres.

Estatisticamente, mais de 80% dos narcisistas são homens, afinal, o narcisismo se instala no momento de ligação entre o bebê e a mãe, e os meninos são muito mais dependentes de suas mães do que as meninas - que tendem a ser mais ligadas ao pai. Por isso, algum problema durante essa fase da gestação e até mesmo nos primeiros anos de vida pode fazer com que o homem, sobretudo, tenha mais chances de se tornar narcisista que uma mulher, mas não se iluda: temos ambos os gêneros espalhados na sociedade.

Reforço: existem muitas mulheres narcisistas também! O que estou colocando aqui é uma tendência, ou seja, na maior parte dos casos, os homens são mais narcisistas que as mulheres.

Vamos seguindo!

Como já falei até aqui, o narcisista parte do princípio de que você existe para justificar sua "grandeza" e sua "divindade", justificando a bondade dele, na "ruindade" do outro. Quanto pior a outra pessoa for, mais ele se destaca sendo melhor que ela. Entendeu?

O grande problema nessa equação é que o narcisista se sente um lixo de ser humano Ninguém sente um vazio maior que um narcisista. No fundo, ele é vazio, incompleto, insuficiente e incapaz de coisas básicas, mas cria uma fantasia de que é o melhor em tudo para não encarar essa realidade, e a forma que ele usa para criar essa ilusão é tornando você alguém menor que ele.

Agora, imagine como é ser menor que alguém vazio, incompleto, insuficiente e incapaz de coisas básicas… É por isso que quem se relaciona com um narcisista termina, sempre, querendo a própria morte.

Dito tudo isso, um relacionamento amoroso se torna um cenário perfeito para que o narcisista mostre "o quão bom" ele é, demonstrando ser um príncipe encantado: receita de bolo para o narcisista prosperar. Aqui, usarei sempre o gênero masculino, mas entenda que estamos falando do ser humano e não de homem ou mulher.

Aqui, um dado relevante para explicarmos o porquê mulheres caem mais nos encantos do homem narcisista. A maior parte das mulheres cresceram vendo histórias de conto de fadas: princesas como Cinderela, Branca de Neve, Rapunzel, entre outras. Essas histórias colocam sempre o príncipe encantando como protagonista da história, que é o homem que vai salvar a moça, que tem um coração puro e enxerga além da aparência, da formação cultural, religiosa, intelectual ou mesmo status social… Ele se apaixona pela beleza interior da mocinha e não leva em consideração nada além da sua própria alma. Essa fantasia de que existe realmente um "príncipe" para salvar a menina e que vai enxergá-la como ninguém a enxergou até então é criada e moldada dentro da cabeça de muitas meninas, que acabam projetando isso para a vida quando se tornam mulheres.

É aí que a mulher, ao invés de buscar a própria identidade, passa a esperar um príncipe encantado que vai resolver todos os seus problemas e vai amá-la incondicionalmente. É a pura receita para a dependência emocional.

Considerando este contexto, os narcisistas vão se aproveitar de cada detalhe de carência. Eles vão identificar as necessidades da pessoa com quem está se envolvendo, mapeá-las e satisfazer uma por uma. Para que isso aconteça, o narcisista chega como um príncipe, disposto a fazer tudo para dar o melhor para a que a mulher seja feliz - ainda que ele não vá fazer isso - e através desse jeito "encantado", ele começa a mapear os desejos da pessoa, para que possa "dar o bote".

Uma das técnicas muito usadas pelos narcisistas é o "love bombing", que consiste em uma "explosão de amor" no início do relacionamento, com muito afeto, muito carinho, muito cuidado, muita atenção e muita demonstração de que aquele amor é a melhor coisa que pode acontecer na sua vida. Nesse processo, a "vítima" começa a expor todos os seus pontos fracos, suas lacunas, o que a desestabiliza emocionalmente, quais seus sonhos e desejos, e tudo que pode servir como "carta na manga" para o narcisista.

Para a outra pessoa é um alívio saber que tem alguém ouvindo seus problemas e que vai ajudá-la a encará-los. Mas a realidade é que aquelas informações estão sendo usadas pelo narcisista para "mapear" sua vítima e servir como parte do seu plano. Quando a outra pessoa estiver totalmente apaixonada e entregue, aí o narcisista muda; ele "vira a chave" e começa a usar as próprias fraquezas da pessoa - que foram mapeadas no início - contra ela. Sim, é um jogo diabólico enquanto ele está vestido de anjo!

E por que ele faz isso? A resposta é simples, e está no fato de que, ao se sentir o próprio Deus, o narcisista quer que as pessoas o procurem desesperadamente... Quer que as pessoas o busquem e "clamem" por ele, para adorá-lo. Ele dá todo amor e atenção do mundo, e, quando a pessoa está realmente entregue, ele tira isso de forma abrupta, para que ela implore de volta. As armas que ele usa para conquistar a pessoa de volta são justamente aquelas fraquezas mapeadas. Com o tempo, ele tem todas as suas emoções nas mãos, sabe exatamente o falar, fazer e como fazer.

Assim como a droga, que quando é tirada de um viciado faz com que ele perca sua dignidade para consegui-la de volta, o narcisista também faz com que suas vítimas se rebaixem e percam sua dignidade para implorar sua atenção novamente - já que no início era tudo incrível.

Conseguiu enxergar esse ciclo, leitor? Acompanhe comigo: o narcisista te vicia nele, e depois te abandona. Quando ele te abandona, você corre atrás dele e ele começa com exigências para te controlar. Nesse processo, o narcisista passa a projetar em você tudo aquilo de ruim que ele mesmo faz, invertendo as situações e fazendo com que você acredite que você está errado (a). É nesse ponto que muitos são convencidos de que foram traídos porque não deram amor, atenção, sexo, carinho ou porque eram melosos demais. O narcisista faz você pedir desculpa pela traição que recebeu, pelo soco que levou ou pelas agressões verbais que ouvir. No fim, você sempre termina a conversa dizendo que vai melhorar para merecer estar ao lado dele.

E qual o resultado disso? O resultado é que a pessoa começa a abrir mão das amizades, da família, dos programas que gosta e de tudo aquilo que a agrada, para obedecer aos pedidos do narcisista. Aos poucos, a pessoa vai abrindo mão de quem ela é. Vai abrindo mão da própria dignidade e identidade. A pessoa se anula e se torna 100% dependente do narcisista em todos os níveis: emocional, financeiro, espiritual, existencial...

A comparação que mais gosto de fazer é com usuários de crack.

Com todos os viciados que você conversa, a frase é sempre a mesma: experimentar o crack é a melhor experiência da sua vida, não há nenhum prazer que se compare.

De fato, isso é verdade. A substância possui propriedades químicas tão fortes que ativam como nenhuma outra a dopamina no cérebro, o que gera a sensação de prazer única e inigualável. O grande problema é que esse tiro de prazer é curto, levando a pessoa a se viciar logo na primeira vez que experimenta e a correr atrás daquele prazer a qualquer custo.

Nesse contexto, o viciado em crack é você, o dependente emocional que encontrou no narcisista o prazer que buscou a vida toda, desde a infância, um vácuo deixado pelos seus pais. Com um tiro curto de prazer, hoje ele se conectou a tudo aquilo que você buscava, te colocou no colo da sua mãe e nos braços do seu pai, tudo o que você sempre desejou. É exatamente isso que te faz correr atrás daquela sensação de prazer curta, inigualável, incrível e inatingível.

O grande problema é que, a cada vez que você acessa essa sensação de prazer, ela é cada vez mais curta e escassa. O narcisista, aqui, cumpre o papel do traficante para o usuário de crack. Depois de viciar a pessoa, ele tira a droga abruptamente para que o viciado corra atrás dela e dê tudo aquilo que possui para ter a sensação de volta.

E então vemos o viciado vendendo a casa, o carro, os móveis, a própria roupa e, em último estágio, o próprio corpo. É aqui que o usuário passa a perambular pelas ruas, sem bens ou dignidade, vendendo o corpo e o trocando por segundos de prazer.

Para mim, a melhor comparação com o narcisista é essa. Todo viciado emocionalmente no amor narcísico vai acabar da mesma forma: sem amigos, família, bens, dinheiro, vestindo-se de um jeito que ele acha certo, sem saúde física, emocional ou espiritual, vendendo o próprio corpo e a alma para ter de novo aquele príncipe (ou princesa) de volta. Você perde a sua identidade, a sua alma, o seu brilho e a sua própria história para ter minutos de paz.

Como se resolve isso? Bem, não dá para curar um usuário de crack mantendo-o no mesmo ambiente onde há a droga. Então, é por isso que, num primeiro momento, o que precisamos fazer é uma desintoxicação química: afastamos o usuário da sua droga e, então, ele passa a sofrer as dores da abstinência.

E como ela é difícil…

Tremores, crises de pânico, alucinações, desespero, vontade de tirar a própria vida, insônia, alterações drásticas no peso… É uma verdadeira guerra onde o corpo pede, mas a mente e as pessoas ao seu redor precisam ajudar para que você não ceda até que o corpo se limpe integralmente. Depois disso, então, começa a limpeza psicológica, o que envolverá, principalmente, a terapia.

Entende qual será o seu processo para sair da vida atual? Por isso, sempre digo: com narcisista não se negocia, narcisista se abandona!

Você sai da relação, sofre a abstinência e vai se curando ao longo do tempo. É isso ou viver eternamente perambulando em busca de segundos de prazer.

Simples assim. A escolha é sua!

O narcisista nunca está satisfeito, e ele joga um jogo que só ele sabe as regras. As fases e desafios desse jogo, só ele conhece. Quando o narcisista coloca alguma meta a ser cumprida por seu parceiro ou parceira dentro de um relacionamento, e a pessoa cumpre, o narcisista desmerece aquilo. Desmerece a ponto da pessoa ficar cada vez mais fraca. E é claro que, para o narcisista, convém ter pessoas fracas ao seu lado. Afinal, são as pessoas fracas que eles conseguem controlar.

Você deve estar se perguntando: mas, Vieira, como que as pessoas conseguem, muitas vezes, ficar por anos e anos ao lado de um narcisista? Uma das respostas é que o narcisista é muito esperto! Lembra do love bombing? Pense comigo, leitor: o narcisista sabe muito bem que toda aquela "explosão de amor" e de atenção do começo do relacionamento é algo que a pessoa quer de novo; então, vez ou outra o narcisista dá um pouco disso para a pessoa de novo! Ele age da mesma maneira que agia no começo, com todas as emoções possíveis. O que acontece é que a pessoa relembra o motivo pelo qual ela ainda segue junto daquele narcisista, e acredita que as coisas vão melhorar e voltar a ser boas, como no início. Então não consegue abandonar.

Leitor, eu não tenho bola de cristal. Se você consegue enxergar sua situação em tudo que estou contando, isso não significa que eu "adivinhei" a sua vida, mas significa que os narcisistas são todos iguais; eles agem da mesma forma em busca de objetivos iguais: buscarem as vítimas perfeitas que o "adorem" como deuses que eles pensam que são.

Enquanto você não colocar um basta em tudo isso, vai viver para sempre esse ciclo do narcisista.

Por que continuar vivendo isso? Por que abrir mão de você mesmo para atender aos desejos do narciso? Atenção: se você está vivendo isso, você não está em um relacionamento, mas sim, em uma relação de servidão, na qual você serve um ser chamado narciso, em troca de migalhas.

Quero que você pause um pouco a leitura e reflita sobre esses pontos.

1. - Qual o sentido de continuar nessa relação?
2. - O que você tem ganhado com ela?
3. - Se sair, perderá o quê?

O VÍCIO E A DESCARGA DE DOPAMINA EM UM RELACIONAMENTO COM NARCISISTA

Algumas coisas são inegociáveis quando falamos em relacionamento: amor, carinho, respeito, planos futuros, saudade, interesse mútuo, vontade de estar junto e mais coisas que, com o narcisista, não existem.

Não necessariamente você consegue encontrar absolutamente todos esses pontos dentro de um relacionamento, mas cabe a você mesmo (a) pensar e refletir se vale a sua saúde mental se manter em uma relação onde falta o básico.

O que você precisa saber é que ser abusado, traído, humilhado e até mesmo desvalorizado, não é normal.

Vou repetir: ser abusado, traído, humilhado e até mesmo desvalorizado, não é normal.

Será que você realmente está vivendo um relacionamento normal?

O que tenho notado enquanto psicanalista dentro de alguns pontos que a teoria traz é que ela nem sempre dialoga com a prática.

Um claro exemplo disso é que, na teoria, o narcisista vai chegar como "salvador" que se porta e se apresenta como alguém bom, e que venha para salvar a pessoa com quem ele vai se relacionar. Mas é bem assim que acontece, pelo menos não explicitamente. O narcisista pode, ainda, usar de outro artifício: a pena e o vitimismo.

Um dos argumentos que sempre é utilizado pelo narcisista que começa uma nova relação é dizer que ele teve uma ex que errou com ele e o fez sofrer muito. A partir disso, além dos lamentos, o narcisista começa a entrar em ação como um cordeirinho que sofreu, mas que deu a volta por cima e, por ser tão bonzinho, vai tratar o novo relacionamento da melhor maneira que ele puder.

"Eu jamais faria com o outro aquilo que fizeram comigo", dirá.

O narcisista vai começar o relacionamento dando tudo pra pessoa. É uma avalanche de cuidado que a outra pessoa se apaixona e se encanta. Lembra que falei anteriormente do "love bombing"?! Então...

Por mais medo que a pessoa tenha de se relacionar, ela não resiste. O narcisista vai acessar algo em você que ninguém nunca acessou, e assim te conquistar. Ele consegue acessar um ponto na sua psique que ninguém mais consegue.

Quimicamente falando, o narcisista consegue fazer com que a dopamina seja tão descarregada, que vai ultrapassar os limites do amor e entrar nos limites do vício. É exatamente assim que os narcisistas agem, e você vai reconhecer isso conforme for visualizando o que estou dizendo, leitor!

Nós somos seres que vivemos em busca de prazer. O ser humano é formatado para ter prazer, e é assim desde os homens mais primitivos. Então, os vícios são justamente uma descarga de dopamina muito grande.

Acompanhe o raciocínio: se algo gera uma descarga de dopamina, e a dopamina é a substância do prazer, então tudo aquilo que ativa essa descarga dopaminérgica pode viciar, afinal, o ser humano busca prazer! Entendeu até aqui?

Dito isso, a pessoa começa uma busca obsessiva por prazer, perdendo até mesmo sua dignidade e abrindo mão de si mesma para conseguir esse prazer. É exatamente assim que agem as vítimas de um narcisista - e é por isso que essas pessoas têm tanta facilidade em se "viciar" no narcisista logo no início de um relacionamento: com o "love bombing", as descargas de dopamina (ou seja, de prazer) que o narcisista oferece à pessoa são imensas!

Então, leitor, o que acontece quando a pessoa fica viciada? Exatamente: o narcisista vira as costas e começa a cobrar as coisas, fazendo chantagens e até mesmo ferindo emocionalmente aquele com quem está se relacionando.

Acontece que, diferente das drogas, por exemplo (que também viciam as pessoas), o narcisista passou todo aquele período do começo do relacionamento sendo carinhoso e amoroso, e dando abertura para a pessoa falar sobre ela; falar tudo sobre suas intimidades. Assim, o narcisista mapeou todos os sentimentos e vontades da pessoa, juntando armas suficientes para utilizar contra ela.

É aí que a vítima começa a se sujeitar a situações que antes não se sujeitaria, como agressões físicas, verbais e psicológicas.

Em geral, em todo tipo de agressão, seja física ou verbal, e até mesmo traição, o narcisista sempre vai culpar a outra pessoa por ter sido agredida - e ela sempre vai acreditar realmente ser culpada. A pessoa viciada no narcisista é dependente dele, e ela aceita tudo, como um drogado que faz de tudo para mais um pouco de droga.

Então o narcisista começa a ver a pessoa com que se relaciona como um lixo e coloca-a nesta posição. Começa a descartar a pessoa, que se vê sozinha, no fundo do poço. Figurativamente, eu vejo muitos pacientes meus no fundo do poço, com o semblante caído, os cabelos descuidados, a autoestima esfacelada, e o amor próprio inexistente. É o fim da linha para um viciado.

Quando alguém vem até mim se queixando de ser uma vítima de um narcisista, eu começo um processo de mostrar as mentiras do narcisista, eu literalmente abro os olhos da pessoa.

São coisas que parecem simples, mas não para quem está doente.

Verdades difíceis para vítimas de narcisistas:

Ninguém é tão ocupado a ponto de não conseguir responder às suas mensagens. Se ela não respondeu, é porque não quis.
Quem trai mais de uma vez é mal caráter e não te ama.
Quem te xinga e te diminui não te ama, só quer te usar.
Se já te agrediu fisicamente, não importa o que aconteça: largue!
Agressões verbais também são agressões e você não deve aceitar!
Se você aceitar a primeira traição, terá que aceitar todas as outras, pois você ensinou a pessoa qual é o seu limite.
Quem mente sobre coisas pequenas esconde mentiras ainda maiores.
Você só está com o narcisista porque quer estar.

Você não depende do narcisista, mas quer achar que depende. É uma escolha!

O narcisista não é fiel a você.

O narcisista não te ama, nunca amou e nunca vai amar

Narcisismo não tem cura.

Narcisista não muda!

Deus não vai mudar o narcisista para você!

Você consegue enxergar o narcisista agindo em você como uma droga? Esse é o processo: enxergar, entender e agir. Você precisa agir, e dentro do "plano de ação", está o que chamamos de contato zero. Você não pode mais falar com esse narcisista. É abandono total!

Vamos falar disso com mais profundidade mais para frente, mas o que eu já quero adiantar é que, sem esse contato zero, o narcisista volta a agir. Quando a pessoa começa a ficar bem, a criar uma rotina, a sair com amigos e a viver melhor, o narcisista volta e tenta convencer que ele é bom; que ele melhorou e que a pessoa precisa dele... E o ciclo se repete constantemente.

Por isso, é de suma necessidade abandonar totalmente e ter contato zero com o narcisista. Quando há uma tomada de decisão séria e concreta, é necessário contato zero, senão o narcisista nunca vai embora da sua vida.

Mais uma vez, querido leitor, quero que pare um pouco a leitura para refletir. Farei isso ao final de alguns momentos de reflexão para que você consiga encaixar sua vida dentro de tudo que estou descrevendo.

Lembre-se que tomar a atitude e abandonar completamente o narcisista pode ser algo bastante doloroso, mas é a sua chance de se libertar.

O NARCISISTA NA TERAPIA

Em uma das fases de um relacionamento com qualquer narcisista, ele vai tentar mostrar que mudou. Nessa tentativa, ele buscará formas que validem essa mudança.

Pense comigo: você já passou por vários sofrimentos com o narcisista e por isso não confia e nem acredita tanto nele, como antes. Por mais que ele tente prometer coisas e dizer que mudou, você está com um "pé atrás" por conta de tudo que viveu antes.

Suponhamos que nessa fase, ainda que você queira voltar com essa pessoa narcisista, e sinta sua falta, você está começando a plantar certa maturidade em sua mente, de que não deve persistir no erro. É nesse momento, então, que as coisas começam a ficar complicadas para o narcisista - já que você não quer aceitá-lo de volta. E aí ele se sente desafiado.

O narcisista passa a aumentar seus níveis de esforços para te conquistar de volta. Lembre-se de que no início de qualquer relacionamento o narcisista aplica o "love bombing" e consegue mapear todos os seus sentimentos, o que significa que ele tem todas as armas para que essa conquista seja eficiente - ainda que, aparentemente, você esteja totalmente "armado" e decidido a não ceder.

Se você está atento à teoria ao redor do narcisista e de seus comportamentos, já entendeu que esse tipo de gente ama um desafio, e sente prazer em querer conquistar. Preciso que você entenda, leitor, que se o narcisista luta para conquistar uma pessoa de volta, não é porque ele gosta dela, e nem mesmo que ele quer que essa pessoa retribua o sentimento... Não é nada disso!

A única coisa que o narcisista quer ao conquistar alguém de volta é provar para ele mesmo - e para todas as pessoas que estão ao seu redor - que ele é tão bom e tão superior que tem poder até mesmo de conquistar alguém que nem gosta mais dele e não quer mais nada com ele.

Vou repetir esse conceito e quero que você leia em voz alta. Se precisar até grife esta frase com um marcador de texto:

O narcisista não está nem aí para você e para os seus sentimentos! O narcisista quer desafio e quer te conquistar para provar o quão bom ele é. Ele não se importa com você. Ele não está nem aí para você. Ele não gosta de você! NARCISISTA É INCAPAZ DE AMAR!

Marcou bem essa parte? Eu sinceramente espero que sim, e espero que você se lembre sempre disso, principalmente se você está nesse processo de abandono ao narcisista. Fique firme!

Retomando o raciocínio, você deve estar se perguntando se o narcisista age desta forma racionalmente, e a resposta é sim. Existem alguns aspectos inconscientes, mas a maior parte é consciente, porque ele sabe exatamente onde ele quer chegar.

Nesse momento o narcisista coloca à prova tudo que ele tem: sua beleza, seu charme, seu poder de sedução e muito mais. Ele é capaz de começar a frequentar a igreja, aceitar Jesus e mostrar para todos ao redor dele o quanto ele mudou e é uma nova pessoa.

Sabe o que acontece nesse estágio? Por ter um imenso poder de convencimento, o narcisista realmente se mostra uma pessoa totalmente diferente e que vale a pena, e as pessoas que convivem ao seu entorno passam a acreditar nesse narcisista, e culpar você, a pessoa que o abandonou, dizendo que ele merece uma outra chance e que, se você não der essa outra chance, você é uma pessoa ruim.

Virou o jogo, percebeu?! Acontece que isso é tudo planejado e usado como ferramenta. Faz parte do jogo de desafios que o narcisista nunca entra com a intenção de perder.

Quero fazer uma pausa para abrir um parênteses, leitor: ainda que eu utilize termos no masculino, ou no feminino, tudo que eu estou dizendo se aplica para todo tipo de relação e todo tipo de narcisismo, homens que são vítimas de mulheres narcisistas, e mulheres que são vítimas de homens narcisistas.

Feita essa observação, vamos seguir.

É nesse momento de mudanças e criação de imagem de um "bom moço" que surge a terapia.

Suponha que a pessoa que abandonou o narcisista proponha a ele - depois de muito ele insistir - que ele faça terapia como uma das condições para a volta do relacionamento.

Sabe o que ele faz?

Ele marca a terapia e vai.

O narcisista vai à terapia e é aí que mora o perigo: dependendo do terapeuta, o narcisista - com seu incrível poder de lábia e de convencimento - consegue enganá-lo.

Sim, eu não estou exagerando. Se você estiver pensando que é exagero da minha parte, eu já te digo para confiar em mim: eu não estou exagerando! Se esse terapeuta que atende a um narcisista não tiver experiência com esse tipo de gente, ele pode cair na lábia e acreditar que toda aquela história fantasiosa criada por ele no consultório é real, e quem está errado ou errada é a pessoa com a qual esse narcisista se relacionou.

Satanás enganou a terça parte dos anjos. Narcisistas, sendo filhos deles, não enganariam o mero terapeuta?

O narcisista consegue fazer com que o terapeuta faça cartas de recomendação, converse e oriente qualquer que seja a pessoa que conviva com o narcisista de que ele é um ser humano incrível e que não há nada de errado.

Assim é o narcisista na terapia.

Mas eu citei apenas o terapeuta que não tem experiência com esse tipo de gente, certo?! Na contramão, existem muitos terapeutas preparados para perceber esse jogo não cair na manipulação. E aí, sabe o que acontece? O narcisista faz um, duas ou no máximo três sessões. Quando ele percebe que o terapeuta não será enganado, ele vai embora.

Eu mesmo já tive vários casos em que a pessoa desligou a chamada de vídeo sem nem se despedir. Ou ainda terminou a sessão chorando e, em seguida, me enviou mensagens de texto dizendo que eu não era um bom terapeuta, ou simplesmente nunca mais apareceu.

Ele faz isso porque não suporta ser identificado ou desmascarado.

Se você quer saber se a pessoa que está com você é narcisista ou não, mande-a para uma terapia com um profissional especialista em narcisismo: se a pessoa não voltar para as sessões, é porque ela, de fato, é narcisista.

O narcisista não gosta de ser confrontado, descoberto, desmascarado... Se o terapeuta realmente é especialista nesse transtorno de personalidade, ele vai confrontar. E é óbvio que ele não vai voltar.

Quero que você entenda: o narcisista patológico, que realmente tem o transtorno de personalidade narcisista, não faz terapia!

Exija que a pessoa que está ao seu lado busque um terapeuta especializado, caso você desconfie do problema e saiba que, se não voltar às sessões, de fato, você está ao lado de alguém que precisa ser abandonado.

AFINAL, COMO CURAR UM NARCISISTA?

O narcisista nunca será curado.

Narcisismo não tem cura!

Narcisista não se cura, não se negocia, narcisista se abandona!

Eu passaria horas escrevendo frases para te convencer disso.

Sim, essa é uma realidade um tanto quanto dura de ler, mas é preciso que você saiba disso. Não existe cura para o transtorno de personalidade narcisista, e quem precisa ser tratado é você. Você mesmo, leitor, que convive com um narcisista, ou mesmo que já o abandonou e precisa lidar com as feridas deixadas por ele.

O que eu quero com este livro é trazer o maior número de pessoas para a realidade de que o narcisista não vai mudar nunca, e que é ingenuidade querer que essa pessoa melhore - ela não vai. A única saída, leitor, é abandonar. Sinto muito em dizer isso.

Eu preciso que você reflita agora sobre isso, porque é exatamente aqui que temos um ponto de decisão. Ninguém vai fazer você entender isso, senão você mesmo (a).

Se você chegou até aqui na leitura, e não quer se conscientizar sobre o fato de que o narcisista nunca vai mudar, aconselho a não perder seu tempo. É isso mesmo, abandone a leitura aqui. Obrigado pela paciência, e tchau.

Agora, se você está disposto(a) a tomar consciência disso que vou repetir, continue, por favor, e saiba que está no caminho certo. Entenda: o narcisista não vai nunca mudar. Nunca.

Se você quer continuar em um relacionamento narcisista, continue. Mas se você não quer sofrer, não existe outro caminho a não ser abandonar.

Quero ser bem incisivo com você aqui, querido leitor, mas confie em mim que é para o seu próprio bem. Vou te dar duas possibilidades: a primeira delas é olhar para a pessoa que te diminui, te maltrata e te machuca, e querer continuar com ela. Ótimo, continue. Ninguém vai te julgar por isso. Apenas continue.

Agora, se você não quer nada disso e quer ter uma vida mais plena e com alguém que te ama de verdade, então eu sinto em lhe dizer que você precisa realmente ir embora. Porque o narcisista jamais vai mudar.

Aliás, ninguém muda por ninguém, tenha isso em mente: as pessoas só mudam por elas mesmas, e o narcisista não se importa em mudar; ele não quer.

Abandonar o narcisista é como abandonar um vício: vai ser difícil, sim, e vai doer. Isso que estou fazendo, leitor, é dar um choque de realidade, te colocando no seu lugar e fazendo com que você entenda que se você sabe que a pessoa ao seu lado é um narcisista, que está te fazendo mal, e você quer continuar com ela, então a culpa é sua, e só você pode resolver esse problema.

Sim, quero te dar uma "dura" nesse sentido, para que você aprenda! Para que você cresça em força para tomar a decisão de abandonar isso. Mas quero te dizer também que eu estou aqui para te dar um colo, um ombro amigo, e dizer que por mais difícil que seja, você pode contar comigo. Você vai superar isso, eu confio em você.

Narcisismo não tem cura, mas a doença que o narcisista colocou em você tem. E a cura primeiro se faz saindo do ambiente que te adoece.

Narcisista não tem cura, mas você tem. E é sua responsabilidade querer se curar.

CAPÍTULO 4.

COMO IDENTIFICAR UM NARCISISTA

AS PRINCIPAIS CARACTERÍSTICAS DOS NARCISISTAS

Se você ainda continua sua leitura é porque realmente entendeu a necessidade de abandonar um narcisista para sair dessa escravidão. Por isso, quero te parabenizar. Quero te parabenizar por tomar essa decisão e por se manter firme na busca pela liberdade.

Antes de eu começar a falar das principais características dos narcisistas, quero reforçar a importância de diferenciar a pessoa que tem um narciso mais forte - fato este que, acredite se quiser, é de certa forma até comum - e a pessoa que realmente tem o transtorno de personalidade narcisista. Fazer essa distinção é fundamental para que entendamos e sigamos com tratamento, ou não.

Como eu disse no capítulo anterior, o narcisista não tem cura. Mas, ao contrário dos narcisistas, aquelas pessoas que apenas carregam consigo um lado narcísico forte, conseguem melhorar, caso iniciem um tratamento. Claro, esse tratamento só pode ser aplicado para os que desejam.

Por isso, através de tudo que eu já falei até aqui e, sobretudo deste novo capítulo em que vou te dar as características gerais do narcisista, identifique a pessoa que está ao seu lado para ter certeza se vai abandoná-la ou tentar ajudá-la.

Então, vamos falar de características?!

Para começar é importante dizer que o narcisista se caracteriza, sobretudo, como uma pessoa que vive fora da realidade, criando fantasias para satisfazer a própria necessidade de ser grande. Mas, existe algo necessário para dizer sobre narcisistas, que é o fato de que - ainda que não pareça - essas pessoas são extremamente carentes! Esse é o primeiro ponto.

Sim, é isso mesmo: o narcisista tem um grande "buraco" dentro dele, com o qual não consegue lidar. É um buraco existencial de abandono e rejeição. É importante dizer que não necessariamente o narcisista passou por algum tipo de abandono ou rejeição, mas ele cria isso na cabeça dele, e se sente pequeno. Em milésimos de segundos, cria a fantasia de ser grande, diminuindo os outros.

De tão pequeno que ele se sente, ele começa a criar fantasias para provar para ele mesmo que ele é bom; que ele é grande, forte e poderoso. Aqui entra o segundo ponto, que também é uma característica bem marcada do narcisista: ele se sente grande.

Parece controverso dizer que ele é carente e se sente um nada, ao mesmo tempo dizer que ele se sente grande. Mas a realidade é que não é uma controvérsia: é exatamente assim que funciona no interior do narcisista, que ao se sentir pequeno, cria suas fantasias para que, em frações de segundo, consiga se sentir grande.

Acompanhe comigo o ciclo do narcisista: ele se sente pequeno; um nada. Então, ele cria fantasias para se sentir grande, até chegar ao ponto de se sentir Deus. Esse é o terceiro ponto: sentir-se Deus.

Se intimamente o narcisista se sente um nada, ele precisa de validação externa, para dizer que ele é perfeito! O quarto ponto é exatamente esse: busca por validação externa e por ser "o melhor" entre os outros. Ele precisa ser o melhor se comparado a outras pessoas, e aqui mais um ponto, o quinto: o narcisista vive de comparações.

Aqui, te dou o sexto ponto, que é reflexo do ponto anterior. Se ele vive de comparações, ele não quer que isso seja declarado. Por isso, o sexto ponto é exatamente ele gostar de se esconder. Mas esse "se esconder" - entenda direito - diz respeito a não admitir publicamente que ele é o melhor, mas sim esperar a admiração de forma natural. Esperar que as pessoas o admirem naturalmente, como consequência de sua bondade e majestade.

E quem não admira e idolatra esse grande "deus" que é o narcisista está errado.

Sétimo ponto: todo narcisista espera uma admiração - e mais do que isso, uma certa idolatria - de todos. O narcisista se acha tão bom e incrível que, se a pessoa que está ao seu lado resolver o abandonar, ele vai ter a firme convicção de que ela jamais encontrará alguém como ele (oitavo ponto). Afinal de contas, não existe outro Deus, não é mesmo?! Somente ele, aquele narcisista - e veja bem, temos o nono ponto aqui.

Já vou logo te dizer o décimo ponto, que é invalidar o outro. O narcisista invalida aquele que está ao seu lado, diminuindo a pessoa para que, quanto menor a pessoa se sentir, maior ele será! Todas as conquistas da outra pessoa serão pequenas perto das conquistas do narcisista. Isso porque ele é invejoso!

A inveja é o décimo primeiro ponto do narcisista.

O narcisista quer ser perfeito para a pessoa que ele quer. Lembra que eu disse no capítulo anterior sobre o narcisista mapear as necessidades emocionais e todas as lacunas emocionais daqueles com quem eles se envolvem?! Pois então, leitor, esse narcisista faz isso porque quer - no começo do relacionamento, no love bombing - ser perfeito para você! Ser perfeito para você é o décimo segundo ponto.

Entenda de uma vez por todas: o narcisista vai fazer aquilo que você precisa! No começo de qualquer relação, o narcisista vai se moldar para você, com a intenção de te destruir depois.

Por isso eu sempre digo que você deve estar atento (a) aos sinais: se alguém aparecer como o ser humano "perfeito", que faz tudo para você, do seu jeito, e com os seus gostos, desconfie.

Eu confesso que ao escrever essa parte do livro eu me perdi nas contas de qual ponto estou, mas como o mais importante aqui é fazer com que você conheça as características dos narcisistas, independente de "decorar" pontos, vou seguir.

Seguindo, tenho mais outro ponto a dizer sobre os narcisistas, que é o fato de que a sua história de vida é sempre de tristeza. O narcisista sempre vai contar uma história de injustiça, de tristeza e de profundo drama, afinal, ele é um "coitado" que só teve você para compreendê-lo. É claro que mais da metade daquela história é invenção, para que você se sinta obrigado a "salvá-lo".

Neste momento eu imagino que você já deve estar surpreso (a) com a quantidade de características que estou dizendo aqui, e que estão as "casando" exatamente com o jeito do narcisista com que você convive. Mas eu te digo que tem mais! Sim, mais características que são comuns entre os narcisistas e que certamente você vai reconhecer na pessoa com quem você convive e que tem o transtorno de personalidade narcisista. Mais uma dessas características é o fato de que essa pessoa gosta de ser vista como maior do que ela realmente é.

O narcisista vai sempre querer mostrar para todos que a vida financeira, por exemplo, é um grande sucesso; que ele tem grandes posses e grandes coisas. E, acredite, o narcisista quer ser maior até mesmo na desgraça: se alguém disser que está com algum problema, o narcisista vai dizer que o problema dele é maior... E assim por diante: a mente do narcisista sempre está comparando tudo que está recebendo de informação a respeito de outro, para que ele possa dizer que é maior (ou é que tem coisas melhores, ou que sofre mais).

Mais uma característica, o narcisista sempre vai te colocar pra baixo, e eu já falei sobre isso. Ele vai usar de ferramentas como as próprias comparações, para provar que você é inferior. Para um narcisista, nada do que a pessoa que está com ele faz tem algum tipo de mérito.

Triangulação amorosa: mais uma característica do narcisista (neste caso, dentro de um relacionamento). Isso significa que o narcisista coloca mais uma pessoa dentro do seu relacionamento, fazendo com que, ao descobrir, você comece a achar que ele fez aquilo porque você errou, afinal o narcisista é "perfeito", não é mesmo?!

Leitor, eu poderia passar páginas e páginas falando das demais características dos narcisistas, mas se você compreender que o narcisista funciona na base da comparação, pensando o que ele pode fazer para ser sempre melhor do que você, já é praticamente "meio caminho andado", afinal, essa é a base do seu comportamento!

O BENEFÍCIO DO NARCISISTA. EXISTE ALGUM?

A resposta para a pergunta que norteia este trecho do livro que está em suas mãos é sim: o narcisista traz, sim, algum tipo de benefício na vida de quem convive com ele.

Reflita: por que você entrou nesta relação com o narcisista? Sobretudo se for uma relação amorosa. Reflita como você estava antes de conhecer e começar a se relacionar com essa pessoa.

Já pensou? Então, acompanhe, porque eu sei exatamente como você estava, antes de assumir um relacionamento com o narcisista. Primeiro ponto: você estava em um momento de carência e de falta. Não negue, você certamente estava em um momento de falta, seja falta de carinho, de atenção ou mesmo de validação.

Além disso, você estava com a sua identidade mal definida, porque toda pessoa que se relaciona com um narcisista não tem segurança e nem certeza de quem ela mesma é. É como se tivesse a necessidade de entregar a vida nas mãos de um outro alguém para que tome conta. Essa necessidade faz com que a pessoa aceite qualquer coisa (inclusive um narcisista).

Quando você está machucado de outro relacionamento, ou carente, ou com a libido alta, ou qualquer outra coisa que faça com que você pense que precisa de alguém, isso significa que é um péssimo momento para começar qualquer relacionamento. A melhor hora de iniciar um relacionamento é quando você está bem, sem feridas abertas.

Se partirmos do princípio de que o narcisista vive um mundo ilusório, e que ele vai fazer a sua ilusão se concretizar, ele vai fazer de tudo para entregar tudo que você sempre sonhou. E aí está o benefício: realizar todos os seus sonhos.

Não estou falando aqui da duração disso, porque se você leu o livro com atenção, você já sabe que o narcisista vai mudar rapidinho, e que realizar seus sonhos é só uma estratégia para "te ter nas mãos". Estou falando aqui que você, por um momento, vai ter tudo que sempre quis; vai ter uma pessoa carinhosa, te levando a lugares que você sempre sonhou em estar, te falando coisas que você sempre sonhou em ouvir e dando o amor que você sempre sonhou em ter.

Se você estiver se perguntando como o narcisista sabe de todos esses seus sonhos e desejos, já te digo: você contou. Você contou porque estava carente, e pessoas que estão carentes e necessitadas de atenção, descarregam e desabafam sobre todas as suas angústias e frustrações, na esperança de que a outra pessoa que está ouvindo, pegue essas coisas e cuide.

Então, podemos dizer que, se existe um benefício real com um narcisista, é o de viver tudo que você sempre quis. O narcisista faz com que o relacionamento - no início, claro - seja muito bom.

Mas, mesmo que você tenha vivido os melhores momentos da sua vida ao lado de um narcisista, não se confunda: o narcisista planejou fazer isso para você se viciar nele, e, aí sim, começasse a viver o verdadeiro inferno.

Confesso que eu poderia escrever muitas páginas sobre os problemas de um narcisista, mas quero dizer aqui que você sabe o que está passando. Você sabe os problemas que essa relação com esse tipo de pessoa estão te causando. Você sabe que está depressivo (a), que não tem mais amigos, que não vê sua família, não faz o que gosta, se acha incapaz e culpado...

É isso que o narcisista faz, e é esse o problema que ele te traz. O problema é fazer com que você viva essa vida desgraçada, te rotulando de louco (a). Afinal, o prazer do narcisista é manipular seu estado de espírito, até você achar realmente que é louco.

Mas quero te deixar um presente. Trata-se do *checklist* para saber se a pessoa que está com você é ou não narcisista. Vamos lá?

EXERCÍCIO: TESTE DE RELACIONAMENTO NARCISISTA

Responda às questões abaixo com SIM ou NÃO. Depois veremos o resultado.

1. Você já foi traída?
2. Você já foi traída virtualmente através de conversas curtidas ou pornografia?
3. Você é constantemente agredida verbalmente?
4. Você já foi agredida fisicamente?
5. Todos os problemas que acontecem na relação ou na casa acabam sendo sua culpa?
6. Você está afastada de amigos?
7. Você está afastada da sua família?
8. Você está afastada das coisas que gostava de fazer?
9. No sexo é somente a vontade dele que conta?
10. Você sente que viveu um conto de fadas, mas que aquela pessoa não existe mais?
11. A pessoa que está com você te trata muito bem em um momento, mas como um lixo logo em seguida?
12. Você já foi obrigada a fazer sexo mesmo sem querer?
13. Você ouve palavras do tipo "sem mim você não é nada", "você deve ser grata a Deus por ter me achado", "se eu não te quiser, ninguém mais vai querer", "ainda bem que você me achou"?

14. Você ouve do tipo "burra", "feia", "gorda", "tonta", "idiota", "gay", entre outros, como tentativa de xingamento, que afetam a sua identidade?

15. Você sente que não é boa em nada?

16. Quando você olha para o futuro, sente que não há vida sem essa pessoa?

17. Quando você pensa em sair dessa relação, sente crises de pânico ou ansiedade?

18. Suas vidas financeira, profissional, espiritual e pessoal estão em ruínas?

19. A pessoa é idolatrada por todos lá fora e a relação parece ótima para todos, mas só você sabe o que passa?

20. Essa pessoa te culpa até mesmo pelas traições que já cometeu com você?

21. Ela mente o tempo todo e sobre tudo?

22. Essa pessoa mostra sempre que, se quiser, consegue namorar com quem quiser e diz que se você está com ela é uma privilegiada?

23. Você não consegue contar suas histórias sem ser criticada?

24. Essa pessoa não aceita quando você tem uma vitória? Ela fica invejosa e com ciúmes?

25. Ao assistir vídeos sobre narcisismo ou ao ler esse livro, você se identificou com os relatos e casos?

26. Vocês têm planos conjuntos?

27. Vocês possuem sonhos em comum?

28. Você recebe atenção e carinho?

29. Você ainda sente libido por essa pessoa?

30. Sua vida antes dela era melhor?

Depois de responder a essas perguntas, vamos ao gabarito.

Se você respondeu SIM para até 5 perguntas, a sua relação provavelmente não é narcisista e nem tóxica. Relacionamentos passam por problemas e você ainda pode consertar as coisas, desde que ambos queiram e estejam muito dispostos a isso.

Se o seu SIM ficou entre 6 e 15 questões, já é hora de começar a tomar cuidado, principalmente porque você pode estar no estágio inicial de ser controlado (a) pelo narcisista. Aos poucos ele vai tomar conta da sua vida e fazer você depender somente dele. Busque terapia urgentemente!

Se o seu SIM ficou entre 16 e 20 questões, já é hora de procurar ajuda na terapia, com amigos e familiares. Você corre um risco gigantesco de nunca mais sair dessa relação e, se sair, terá muitos problemas psicológicos para superar.

Agora, se o seu SIM foi superior a 21 questões, não há mais o que fazer. Chame amigos, família, terapeuta, pastor, Deus, Jesus... mas abandone. Não há sentido em continuar em uma relação que está tão comprometida e que coloca a sua vida em risco. É hora de abandonar.

Bônus: há um ponto que, sozinho, já pode significar um abandono da relação: a agressão. Não importa o quão boa essa pessoa seja, o quão incrível e honesta ela seja. Ela pode ser perfeita nos outros 29 itens, mas se cometeu agressão, abandone! O feminicídio ou mesmo os assassinatos a homens começam assim. Na clínica, eu nunca digo a alguém o que fazer, mas, se há agressão, eu quebro essa regra e digo enfaticamente: denuncie e vá embora!

Claro que a decisão será sempre sua, mas por falta de aviso você não ficará. Quem agride mata e não quero ser cúmplice disso.

CAPÍTULO 5.

A VÍTIMA PERFEITA DO NARCISISTA

PRINCIPAIS CARACTERÍSTICAS DA VÍTIMA

Quero começar este capítulo dizendo que se você caiu nas mãos de um narcisista, sinto em lhe dizer, mas a responsabilidade é sua. Isso mesmo, a culpa não é dele, mas sim, sua: você que procurou por isso.

Sei que isso é até revoltante de saber, mas é necessário compreender que, para deixar o narcisista entrar na vida de alguém, essa pessoa precisa permitir, e se você está envolvido com algum narcisista, você permitiu isso. Essa relação de abuso e de controle é algo procurado por pessoas que na infância aprenderam que esse tipo de relação é amor.

Mas, afinal, o que te faz ser uma vítima perfeita para um narcisista? A primeira coisa que você deve ter em mente é que o narcisista não é feliz, por isso, ele precisa validar algum tipo de felicidade dele, em cima da felicidade de outra pessoa que é, de fato, feliz. Mas, então, pense comigo: se o narcisista não é feliz, como ele quer ser "mais feliz" que a outra pessoa? A resposta é simples: tirando a felicidade dela.

A primeira coisa que o narcisista vai buscar são pessoas felizes, animadas, alegres e com muitos amigos. Pessoas empáticas, gentis, que estão sempre prontas para ajudar os outros! Em geral, pessoas do bem: essas são as pessoas mais suscetíveis a cair nas mãos do narcisista.

Isso acontece porque o narcisista vê essas características como fraquezas, sobretudo a sensibilidade. No fundo, no fundo, pode ser mesmo. Os artistas, por exemplo, que se expressam por meio de suas belas artes (música, artes plásticas, poesia, ou qualquer outro tipo de arte) são pessoas com um olhar atento e singelo e com isso são exemplo dessas vítimas dos narcisistas. A raiz é a sensibilidade, mas o narcisista vê como fragilidade.

Em geral, pessoas assim são mais emotivas que racionais. O narcisista age na emoção.

Se a raiz está na fragilidade, o narcisista se identifica com você e você com ele, afinal, todo narcisista é um dependente emocional também. A diferença é que eles transformam essa fragilidade e sensibilidade em uma fantasia de que ele é grande. Ele não aceita essas características.

Vamos lá, pense comigo: se você é uma pessoa que tem essas características de fragilidade e sensibilidade (provavelmente sim, afinal, se tem um relacionamento com um narcisista certamente essas características fazem parte de você), você sabe que precisa compensar essas carências em alguma coisa, seja comida, prazeres, relacionamentos, enfim, qualquer coisa. O narcisista também precisa compensar essas questões, mas a diferença é que ele compensa esse vazio criando um "boneco" que ele pode manipular.

Você busca um narcisista por conta da raiz do problema que os dois têm: carência, vazio e dependência. Existe então uma conexão, de modo que o narcisista está satisfazendo o desejo dele de manipular alguém, e você está satisfazendo o seu desejo de ser amado e controlado por alguém!

Por isso, a principal característica da vítima perfeita do narcisista é aquela pessoa que está esfacelada, não tem identidade, já não sabe mais quem ela é, e que está em busca de encontrar no outro a solução para a própria vida. Não consegue viver mais por si.

Todo narcisista busca um dependente emocional, e o dependente emocional procura um narcisista.

Enquanto você continuar procurando alguém, de forma obsessiva, mais você vai cair nas mãos de um narcisista.

Pare de procurar por alguém! Permita-se ser encontrada enquanto vive o seu propósito.

Continuando, eu listei ao menos 10 características de pessoas que são consideradas as vítimas perfeitas para o narcisista. Preste muito a atenção, pois quero que você anote e perceba o quanto você pode ser o alvo ideal para eles. Vamos lá?

1. **Empatia Excessiva:** Pessoas que se envolvem com narcisistas muitas vezes possuem uma grande capacidade de empatia. Elas tendem a se preocupar profundamente com os outros e podem ser especialmente sensíveis às necessidades emocionais de seus parceiros narcisistas. Também são pessoas que possuem uma sensibilidade maior, uma veia artística e dom para se conectar ao espiritual muito forte. São amantes da natureza e dos animais, vendo significado em cada detalhe da vida. São pessoas puras, ingênuas e que gostam de música, arte, poesia, romantismo e significado.

2. **Tendência a Idealizar:** Aqueles que se envolvem com narcisistas frequentemente idealizam seus parceiros no início do relacionamento. Eles podem ver o narcisista como encantador, carismático e até mesmo perfeito, ignorando sinais de alerta que podem indicar problemas futuros.

3. **Desejo de Agradar:** Pessoas que se relacionam com narcisistas muitas vezes têm um forte desejo de agradar seus parceiros. Elas podem se esforçar para atender às demandas do narcisista e evitar conflitos a todo custo, mesmo que isso signifique sacrificar suas próprias necessidades e desejos.

4. **Baixa Autoestima:** Indivíduos com baixa autoestima são frequentemente atraídos para relacionamentos com narcisistas. Eles podem buscar validação e aprovação externas, esperando que seus parceiros narcisistas preencham o vazio emocional que sentem dentro de si mesmos.

5. **Tolerância a Comportamentos Abusivos:** Pessoas envolvidas com narcisistas muitas vezes demonstram uma tolerância anormal a comportamentos abusivos. Elas podem minimizar, justificar ou até mesmo ignorar o comportamento prejudicial de seus parceiros, em vez de confrontá-los ou se afastar.

6. **Padrões Relacionais Disfuncionais:** Muitas vezes, aqueles que se envolvem com narcisistas têm um histórico de relacionamentos disfuncionais. Eles podem estar acostumados a padrões de comportamento tóxicos e, portanto, são mais propensos a permanecer em relacionamentos prejudiciais.

7. **Necessidade de Validar o Narcisista:** Pessoas que se relacionam com narcisistas muitas vezes sentem a necessidade de validar seus parceiros constantemente. Elas podem se esforçar para elogiar, apoiar e afirmar o narcisista, em uma tentativa de manter sua atenção e aprovação.

8. **Dificuldade em Estabelecer Limites:** Aqueles envolvidos com narcisistas muitas vezes têm dificuldade em estabelecer limites saudáveis em seus relacionamentos. Eles podem ceder facilmente às demandas do narcisista e ter dificuldade em dizer "não", mesmo quando se sentem desconfortáveis ou sobrecarregados.
9. **Esperança de Mudança:** Muitas vezes, as pessoas que se envolvem com narcisistas mantêm a esperança de que seus parceiros mudarão com o tempo. Elas podem acreditar que, com amor suficiente e apoio, o narcisista se tornará mais empático e menos egocêntrico, ignorando sinais óbvios de que essa mudança é improvável.
10. **Medo de Abandono:** Por fim, pessoas que se relacionam com narcisistas muitas vezes têm um medo profundo de serem abandonadas. Elas podem temer que confrontar o narcisista ou se afastar do relacionamento resultará em solidão ou rejeição, levando-as a permanecerem presas em um ciclo de abuso emocional.

Bônus: quero que você assista a um vídeo que fiz e que viralizou na internet sobre esses pontos, no qual trago mais informações vistas na clínica. Vamos lá?

Em resumo, as pessoas que se envolvem em relacionamentos com narcisistas muitas vezes exibem uma combinação de empatia excessiva, baixa autoestima, padrões relacionais disfuncionais e dificuldade em estabelecer limites saudáveis. Reconhecer essas características pode ser o primeiro passo para buscar ajuda e romper o ciclo de abuso emocional.

COMO SE FORMA A IDENTIDADE DA VÍTIMA DE UM NARCISISTA

Partindo do princípio de que a vítima de um narcisista é dependente emocional, carente e frágil no ponto de vista de identidade, precisamos voltar no tempo e falar da história da sua família.

Provavelmente, pessoas que caíram nas mãos de narcisistas, tiveram pais narcisistas. Talvez não o transtorno de personalidade narcisista, mas ao menos pais que tinham alguns traços narcísicos mais fortes.

As mulheres, por exemplo, ao ter um pai ausente na infância, quando adultas vão buscar um marido ausente. Essa fase na vida de uma criança é muito importante para a formação (do zero aos sete anos) do caráter de uma pessoa. Então, todas as formas como a pessoa vê o mundo, são as formas que via com sete anos, afinal, é com essa média de idade que as pessoas memorizam os sentimentos.

Todos os comportamentos, padrões e regras são formados até os sete anos, e partindo deste princípio, se a criança teve um pai ausente (no caso da menina, por exemplo), ela vai se interessar por homens ausentes quando adultas, afinal, essa mulher aprendeu que o amor é exatamente isso: correr atrás de alguém que não está presente.

Como adulta, conscientemente, a mulher sabe que isso não é saudável, mas o que ela sente é outra coisa. E nós somos guiados por sentimentos, não pela razão.

Acompanhe o raciocínio: o que se sente é uma pulsão involuntária, já o pensamento, dá para ter algum tipo de controle. O prazer é um sentimento, e por isso não é muito possível controlá-lo.

Por mais que essa mulher (e aqui quero abrir esse parênteses para dizer que não é só a mulher: o homem também se encaixa em tudo que estou falando, mas eu estou utilizando a mulher porque iniciei com esse exemplo) tenha sofrido com a indisponibilidade do pai, por exemplo, ela sentiu prazer também, afinal, também há prazer na dor. A dor também é prazerosa e é exatamente isso que acontece em um relacionamento com um narcisista.

Não estamos dizendo aqui se essa dor faz bem ou não, mas sim sobre o fato de que se você aprendeu que a dor é a sua forma básica de vida, é ela que você vai buscar na vida adulta para se sentir bem. É preciso ter muita coragem para se construir uma vida de paz, prazer, amor e felicidade quando tudo que se conhece é dor, abandono, humilhação e desprezo.

Outra característica que pode ter sido vivida na infância e que ainda hoje se reflete na pessoa que se envolve com um narcisista é o fato de ter tido pais que nunca validaram as conquistas da pessoa.

A falta de validação dos pais, que devem ser a segurança da criança, cria um ser humano totalmente inseguro e sem ter a identidade bem definida. É claro que a falta de segurança faz com que a pessoa sempre ache que está errada.

Lembre-se: em nossos relacionamentos, de forma inconsciente, o que nós buscamos são características dos nossos próprios pais. Pense bem: o quanto dos seus pais existe nessa pessoa narcisista com quem você se relaciona?

No caso da invalidação, quando o narcisista invalida a pessoa, é claro que essa pessoa vai "gostar", afinal, ser invalidado é como "se sentir em casa", já que os pais a invalidaram. E aí é claro que fica ainda mais difícil abandonar o narcisista, afinal, todas essas coisas ruins que ele faz a você, são coisas que te fazem sentir quem você é, ainda que sejam coisas ruins.

Existe também o caso de pessoas que crescem vendo os pais brigando e se desentendendo. Conviver com isso desde a infância faz com que a pessoa ache comum e normal que uma relação cresça e se desenvolva em meio ao caos e a brigas.

Do zero aos sete anos, nosso cérebro é uma esponja, que aprende a captar tudo que tem ao redor: sons, cheiros, atitudes e outras coisas. Ele acumula muitas coisas! Então, quando criança, se você vê seus pais brigando, por exemplo, você vai captar, ainda que não goste desse comportamento.

Ainda que, quando criança, você repudiava esses maus comportamentos nos seus pais, quando adulto, mesmo que pareça repudiar também, no fundo você não consegue sair daquilo e viver outra coisa, afinal, foi o que você aprendeu que é o modelo ideal de "amor". Você só conhece aquilo porque foi o que aprendeu dentro do ambiente em que vivia nessa fase dos zero aos sete anos.

E digo dos zero aos sete porque quero seguir uma teoria psicanalítica, mas posso dizer com toda a propriedade e experiência da minha clínica que esse período pode se estender, chegando até perto dos 15 anos de idade.

Está conseguindo entender a relação das coisas? Como você vivenciou isso, é nesse tipo de ambiente - com comportamentos como aqueles que você via quando criança - que você vai se sentir acolhido; vai se sentir em casa.

Mais uma característica que você pode perceber na sua história: ainda falando dos pais que brigam muito em casa, e da criança que absorve tudo isso, temos a questão do contato físico. Muita gente presencia, nas brigas dos pais, violência física, mas não só isso: expressões corporais marcantes, choros, veias saltando de estresse e outras características que marcam muito. A criança que viveu tudo isso, quando adulta, acaba desenvolvendo a tal da "química" com o narcisista.

Tudo isso que estou colocando para você diz respeito a atitudes que fazem com que você se relacione com pessoas narcisistas. E se você me disser que não quer mais "sentir" tudo isso, eu te digo: sinto muito, você nunca vai deixar de sentir!

Entenda de uma vez por todas que é necessário separar o racional do sentimental. Você pode sentir, mas não deve agir de acordo com seu sentimento! Afinal, o sentimento é irracional. Você precisa tomar uma decisão se vai querer ser movido através dos seus sentimentos, ou da racionalidade.

Se você quiser viver de acordo com os seus sentimentos, que são instáveis e imateriais, a sua vida será esse caos. Pense e decida: quer viver essa vida baseada nos sentimentos, ou quer uma vida baseada na razão?

Mas falaremos disso daqui a pouco, sobre o processo de mudança. Agora, ainda quero que você entenda de onde veio a sua dependência pelo narcisista.

A trajetória de uma pessoa e suas relações interpessoais são profundamente influenciadas pelas experiências vividas na infância. No âmbito da psicanálise freudiana, as interações familiares desempenham um papel crucial no desenvolvimento da personalidade e na formação dos padrões de relacionamento. Vamos explorar as 10 características de uma pessoa que, devido às experiências infantis, tornou-se dependente de uma relação abusiva e narcisista, utilizando conceitos como o Complexo de Édipo, fixações e outros elementos da teoria psicanalítica.

1. **Relação disfuncional com os pais:** Desde tenra idade, a pessoa pode ter sido exposta a uma dinâmica familiar disfuncional, na qual as figuras parentais não forneciam um ambiente seguro e amoroso. Seus pais podem ter sido ausentes emocionalmente, negligentes ou até mesmo abusivos, não oferecendo o suporte emocional necessário para o seu desenvolvimento saudável.

Lembre-se que seus pais são o próprio mundo para você. Quando você se torna adulto vive buscando eles. Todo ser humano quer ser amado e acolhido da mesma forma que foi pelos pais, ainda que isso tenha sido muito ruim.

2. **Complexo de Édipo não resolvido:** De acordo com a teoria freudiana, durante a fase fálica do desenvolvimento, a criança experimenta o Complexo de Édipo, na qual sente atração pelo genitor do sexo oposto e rivalidade com o do mesmo sexo. Se este conflito não for resolvido adequadamente, a criança pode desenvolver fixações emocionais e dificuldades em estabelecer limites saudáveis em relacionamentos futuros. Isso quer dizer que inconscientemente você possui um padrão, uma programação mental que sempre te levará ao narcisista. Não adianta trocar de parceiro, a idealização de alguém assim já existe e você vai sempre se interessar por pessoas do mesmo comportamento.

3. **Carência afetiva:** A falta de afeto e validação emocional na infância pode levar a uma busca desesperada por amor e aceitação na vida adulta. A pessoa pode se sentir constantemente carente de atenção e buscar preencher esse vazio através de relacionamentos, mesmo que sejam prejudiciais.

4. **Modelo distorcido de relacionamento:** Se os modelos de relacionamento observados na infância foram disfuncionais, a pessoa pode internalizar esses padrões como normais. Ela pode acreditar que o abuso emocional ou físico é uma forma de amor, perpetuando assim um ciclo de relacionamentos prejudiciais.

5. **Baixa autoestima:** A falta de apoio emocional e a presença de abuso na infância podem levar a uma baixa autoestima na vida adulta. A pessoa pode internalizar mensagens negativas sobre si mesma, acreditando que não merece amor ou respeito, e aceitando assim relacionamentos abusivos como algo inevitável.

6. **Medo do abandono:** De novo, o tal medo de ser abandonada. Se a criança cresceu em um ambiente onde se sentia constantemente abandonada emocionalmente, ela pode desenvolver um medo profundo de ser deixada sozinha. Isso pode levá-la a tolerar comportamentos abusivos por medo de ficar sozinha. Se você quer ser amada, perca hoje o medo de ficar sozinha. Ninguém pode abandonar quem não tem medo da solidão. Enfrente-a e você nunca mais ficará só.

7. **Padrões de dependência emocional:** A dependência emocional é comum em pessoas que não receberam o apoio emocional adequado na infância. A pessoa pode se tornar excessivamente dependente do parceiro, buscando nele a validação e segurança que não recebeu na infância.

8. **Dificuldade em estabelecer limites:** A falta de limites claros na infância pode resultar em dificuldades em estabelecer limites saudáveis em relacionamentos adultos. A pessoa pode permitir comportamentos abusivos do parceiro, não conseguindo se afirmar e defender seus próprios direitos e necessidades.

9. **Idealização do parceiro:** Em busca desesperada por amor e validação, a pessoa pode idealizar o parceiro, ignorando ou justificando comportamentos abusivos. Ela pode acreditar que o parceiro é perfeito e que o abuso é um preço pequeno a pagar pelo amor que recebem. É a famosa frase presente na música de Marília Mendonça: eu me apaixonei pelo que eu inventei de você!

10. **Repetição de padrões familiares:** Como sugerido pela teoria psicanalítica, há uma tendência para que as pessoas repitam padrões de relacionamento que vivenciaram na infância, mesmo que sejam prejudiciais. A pessoa pode se encontrar presa em um ciclo de relacionamentos abusivos, reproduzindo dinâmicas familiares disfuncionais.

Essas características destacam como as experiências vividas na infância podem moldar profundamente a forma como uma pessoa se relaciona na vida adulta. A compreensão desses padrões é crucial para romper com ciclos de abuso e buscar relacionamentos mais saudáveis e gratificantes.

O PROCESSO DE MUDANÇA

Para mudar é preciso conhecer. Isso se encaixa para falarmos de pessoas, de situações e de comportamentos. Mudar para quê? Mudar para onde? Essas respostas vêm do conhecimento, por isso digo que é necessário conhecer, para mudar.

É exatamente por isso que eu trouxe toda a bagagem teórica para você, explicando quem é o narcisista, como a mente dele se forma, quem são as vítimas perfeitas e suas características: para que você conheça! Agora, vou te ajudar a mudar.

Mas já adianto: é impossível mudar quem não vê problema nas próprias atitudes. Por isso, quero que você entenda de uma vez por todas: você é o grande responsável pela situação que está.

O culpado não é o narcisista, o grande responsável é você! O narcisista só está na sua vida porque você permite!

Se ainda não concorda com isso, pare agora a leitura e volte ao capítulo um. Você ainda não se convenceu de que a única pessoa que pode mudar é você mesmo, não ele.

Já te adianto que você vai precisar mergulhar em você mesmo e em sua história. Você precisa enxergar a história da sua família, e essa tarefa é importante! Você precisa saber de onde vieram suas raízes, seus pais, a história deles. É preciso ter acesso a esse tipo de informação para conseguir se valorizar. A gente só ama o que conhece, por isso é preciso conhecer e amar a própria história.

Ainda que a história da sua família só tenha dor, sofrimento, separações, traições e coisas ruins, você precisa conhecer. Por mais que pareça que "quanto mais mexe, mais fede" e que vasculhar esse passado só vai trazer ainda mais sofrimento, eu te confirmo que sim, vai mesmo, mas é necessário conhecer para entender, ressignificar e seguir.

Pense: quanto mais difícil foi a sua vida e a sua história, maior foi seu esforço para estar aqui, em pé, lendo este livro e querendo mudar de vida. Esse sentimento de vitória e de orgulho da própria história é necessário para que você reconheça quem é.

Se na sua história teve abandono e rejeição, saiba que hoje você não é mais abandonado ou rejeitado, porque essas características só acontecem na infância. Afinal, quando somos adultos, nós mesmos escolhemos nosso destino e escolhemos quem a gente mantém ao nosso lado. Quando crianças, somos indefesos e precisamos lidar com o que a vida nos proporciona, mas na vida adulta temos força e capacidade para não depender de ninguém. Portanto, sua história é importante e você precisa se orgulhar de tudo que você fez para chegar até aqui. Partindo do orgulho de tudo que fez, começamos a reconstruir sua identidade.

Repita comigo:

Eu sinto orgulho por ter tido um bom pai.
Eu sinto orgulho por ter tido uma boa mãe.
Eu sinto orgulho por toda dor que eu senti.
Eu sou uma pessoa feliz por ter sofrido e aprendido tudo o que aprendi até aqui.

Eu sinto orgulho de mim por ter passado por tudo o que passei e ainda estar aqui.
Eu sinto orgulho de mim!
Eu sinto orgulho da minha vida!

Quero que repita isso mesmo que não tenha tido um bom pai, uma boa mãe ou uma vida da qual se orgulhe. Na verdade você teve, sim, o melhor pai ou mãe que poderia ter. Eles foram aquilo que eles conseguiram ser, porque na vida não somos aquilo que queremos, mas aquilo que conseguimos ser.

Seus pais foram aquilo que eles podiam ser pra você, mesmo com tanta dor e sofrimento, eles entregaram aquilo que eles tinham.

Pense: qual foi a história de vida deles? Eles tiveram pais amorosos? Eles foram amados? Se resposta for "não", então questione: como eles poderiam dar a você algo que também não tiveram?

Perceba que você, ao ler esse livro, está sendo convidado por Deus para iniciar um processo de ruptura na história da sua família. Você será a primeira pessoa de toda a sua geração a começar um trabalho de ruptura com a dor, a tristeza, o abandono, a humilhação e a mentira. Você é a pessoa que está sendo levantada para quebrar gerações de repetições e maldição. Tenha bom ânimo. Seja forte e corajoso! Não temas!

Seguindo com o nosso capítulo sobre a mudança, é necessário pensar em algumas coisas. Siga meu raciocínio: desde quando nascemos, temos em nosso cérebro os chamados neurônios de aprendizagem. Essas informações (coisas que vamos aprendendo) foram sendo gravadas no seu cérebro, formando o que chamamos de "caminhos neuronais".

Esses caminhos são como "estradas" que ligam um neurônio ao outro. Vou usar um exemplo para que você entenda: se eu disser a palavra "banana", certamente você vai imaginar uma banana. Imaginou?! Isso acontece porque seu cérebro vai captar essa informação e ligar com a imagem da banana, que está em outro neurônio. Então, de certa forma, podemos dizer que a palavra e a informação de uma banana (que estão em um neurônio) vai se ligar por um impulso elétrico dentro do seu cérebro, a imagem da banana (que está em outro neurônio).

Agora, tente ler a próxima palavra e não criar a imagem em sua mente. Vamos lá?

ELEFANTE!

Você conseguiu não ver um? É praticamente impossível. Automaticamente, o cérebro traz à sua mente a memória desse animal. É algo que está tão estabelecido de forma automática no seu cérebro que você não consegue deixar de pensar na imagem ao ler a palavra. Ele age de forma automática, você querendo ou não.

Se você entendeu até aqui, então reflita comigo: como vamos mudar um comportamento de alguém que desde a infância vem criando caminhos neuronais (ou seja, está criando essas conexões entre os neurônios) de dependência emocional? Como mudar o comportamento de quem sempre se vê menor, de quem acha que não merece ser amado (a) e qualquer outra coisa nesse sentido?

Não dá para mudar! Esses caminhos neuronais estão muito reforçados e são estradas pavimentadas há muito tempo. Da mesma forma que ao ler a palavra BANANA ou ELEFANTE você já está condicionado a ver essas imagens, um cérebro que aprendeu a ser dependente emocionalmente vai agir e trabalhar sob essa premissa. Isso não tem como mudar!

Mas calma, é possível viver com isso e até mesmo deixar de lado esse comportamento. Aqui, falamos da criação de um novo hábito que vai se sobrepor ao antigo. Esse comportamento novo, se repetido insistentemente por muitos e muitos anos, pode se tornar o que o comportamento inicial era. A ideia, aqui, não é deixar o comportamento antigo de lado, mas sim criar uma nova estrada no seu cérebro, uma estrada que te levará para um comportamento mais saudável.

Quer saber como isso funciona?

Então, leia a seguinte palavra:

大象

O que seu cérebro trouxe para você? Provavelmente, um incômodo. Certo?

Provavelmente você fez uma cara estranha, teve algum pensamento de julgamento rápido e seguiu a leitura, abandonando a tentativa de interpretação. Correto?

Pois bem, saiba que a palavra que você acabou de ler significa ELEFANTE, em chinês. A partir de agora, se você nunca mais ler essa palavra, sabe o que vai acontecer? Vai esquecê-la em questão de segundos, pois seu cérebro fará questão de abandonar aquilo que é novo.

É assim que funciona: tudo aquilo que é novo o cérebro tenta abandonar para não gastar energia. Isso acontece, principalmente, após os 30 anos de idade, quando os nossos neurônios de aprendizagem começam a cair drasticamente. Por isso é tão difícil aprender coisas novas aos 40, 50 ou 80 anos de idade. Quanto mais cristalizado um comportamento, mais difícil mudar.

Agora, se todos os dias você acordar cedo e ler essa palavra, com o passar do tempo você, automaticamente, terá memorizado que 大象 significa ELEFANTE. Chegará o dia que você nem precisará pensar. Ao ver esse símbolo, já o ligará à imagem. Isso significa que seu cérebro já criou um caminho tão forte entre a imagem e o símbolo que não é preciso mais pensar sobre, você apenas liga um ponto ao outro de forma automática.

Agora, consegue compreender onde eu quero chegar? O grande segredo é criar um comportamento novo e repeti-lo de forma tão incessante, tão maçante, tão forte a ponto de ele se tornar mais forte que o antigo.

Então entenda, leitor: você não vai mudar um comportamento nunca, ele sempre estará com você! O que acontece é que você pode escolher desenvolver outro comportamento que se sobreponha ao anterior.

Falando da dependência emocional, ela deve ser vencida através da criação de um comportamento novo! É claro que isso vai acontecer na base do ódio, do choro e, claro, da insistência. É muito difícil, não se iluda. Não será fácil, mas é possível.

Então, se você está em um relacionamento com um narcisista e quer abandoná-lo, você vai precisar criar outro comportamento que precisa se basear em não aceitar mais isso para a sua vida. Coloque na sua cabeça que você é filho de Deus e merece muito mais.

Leitor, preciso que você entenda que, sim, você merece mais! Você merece mais do que esse relacionamento e merece ser valorizado (a) por quem você verdadeiramente é! Ao menor sinal de incerteza e dúvida sobre o sentimento de alguém para com você, saia! Não fique, senão você vai se perder de si mesmo (a), e Deus não quer isso para você.

Deus, o criador, não quer isso para você. Respeito quem te criou e te colocou aqui. Ele tem coisas lindas para te entregar, reservadas para você. Enxergue isso.

Então, eu quero te dar o passo a passo para criar não somente um, mas uma série de comportamentos que vai mudar a sua vida em apenas 30 dias. Você está preparado? Não será fácil, mas a ideia aqui é mudança de comportamento e, para isso, você terá que chorar, insistir, persistir e não desistir. A criação de uma vida nova leva tempo e muita insistência. Eu acredito em você. Vamos lá?

Bem, o que vamos fazer agora é começar a criar uma vida. Isso mesmo, vamos criar uma vida nova fora da dependência emocional que você tem no narcisista. Para isso, você precisa ter uma vida, uma rotina para chamar de sua. Seu cérebro está tão condicionado a pensar em relacionamento, se está ou não sendo traída, se é amada, se será abandonada ou não, que você não consegue mais pensar em outra coisa. Para você, só existe vida nesse relacionamento. O grande segredo é pensar e acreditar que não, a vida não é só relacionamento. Aliás, existem inúmeros campos da vida para você pensar e agora eu quero que você crie planos de ação para cada um deles. Responda para você mesma como está cada campo da sua vida:

Financeiro: suas contas estão equilibradas? Quanto você gasta por mês e com quanto quer se aposentar? Quer ganhar mais? Quanto e como vai fazer? Procurar um bom planejador financeiro vai te ajudar muito.

Emocional: está fazendo terapia? Comece agora mesmo a fazer.

Intelectual: está estudando? Quanto tempo faz que não se matricula em algum curso? Vamos, volte a estudar!

Profissional: seu currículo está atualizado? Você está trabalhando onde gosta? Onde quer chegar e o que precisa fazer para ser promovida? Depois desse ponto, quero que você atualize seu Linkedin e currículo e procure um emprego que realmente se orgulhe. Se for empreendedor, quero que faça um plano para vender mais o seu produto ou serviço.

Família: quanto tempo faz que não visita a sua família? Você sabe a história deles? Quem foram seus avós e bisavós? Agora, quero que vá até eles e fique um pouco com cada pessoa distante.

Amizade: onde estão os seus amigos? Há quanto tempo não os vê? Retome as relações ou crie novas. Isso é uma tarefa.

Espiritual: você tem ido à igreja? Você tem frequentado a sua religião e está ligado àquilo que acredita como divino? Não basta frequentar, mas sim se entregar. Você tem mais uma tarefa aqui, busque algo para crer e faça de verdade.

Saúde física: como estão seus exames? Como está a sua saúde física? A sua tarefa, aqui, é buscar uma academia e começar hoje mesmo a se exercitar. Não importa como, nem que seja uma caminhada de uma hora por dia, mas você vai, mesmo sem gostar, começar a cuidar do seu corpo.

Alimentação: como está a sua alimentação? O que tem comido de saudável? Aqui, seu desafio é parar de comer só aquilo que gosta e passar a comer coisas saudáveis. Equilibre a sua dieta! Mais uma tarefa.

Hobbies e lazer: o que você gosta de fazer? Quando se diverte? Aqui, quero que descubra e estabeleça uma rotina de algo que fará por você pelo menos uma vez por semana. Aqui, vale tudo: trilhas, dança, esportes, aula de música, instrumentos... Você vai escolher algo que fará só por você.

Ufa... Deu trabalho, mas eu imagino o trabalho que você tem a partir de agora, que vai criar uma vida nova. Percebe o quanto você tem negligenciado a sua própria vida para ficar pensando em relacionamento? Você está como está hoje porque não tem uma vida. O que acabamos de fazer é criar uma vida para você. Com base no que estudamos no cérebro, nós criamos uma vida inteira de comportamentos novo. Como dizia a minha avó: mente vazia é oficina do diabo. Tenha rotina, tenha vida, tenha hábitos e você nunca mais cairá nas mãos do narcisista.

Vida amorosa: essa é a parte que você vai trancar as portas e jogar a chave no mar por algum tempo. Delete todos os seus contatinhos, todas as pessoas que querem dar em cima de você. Faça isso por pelo menos um ano. Se isso é o que está te causando problemas, faremos como Jesus disse: se o teu olho direito te faz mal, tira-o fora! Claro, não quero que ninguém tire os próprios olhos, mas o que Jesus queria dizer é que se algo lhe faz mal, ainda que você goste muito, corte-o de vez. Aqui, nós vamos cuidar da sua vida para depois trazer esse ponto de volta. E quanto a chave jogada no mar? Bem, quando você for procurá-la, não vai mais achar, é verdade. Mas aí entra a parte do milagre: Deus, o seu pai, que nunca quis ver você na miséria, a trará de volta como trouxe o machado de Eliseu do fundo das águas, com uma diferença: você não terá mais o mesmo nível de consciência.

Um ano depois, fazendo rigorosamente tudo o que eu te dei tarefas, você não vai mais se reconhecer: estará mais bonita, gostosa, inteligente, amigável, saudável, espiritualmente forte e será um ser humano totalmente diferente da forma como o narcisista te encontrou. Então, a chave será dada nas mãos de alguém seletiva, emocionalmente estável e totalmente capaz de avaliar se o que está na sua frente é bênção ou laço.

Percebe como vencemos o mal? Como diz o próprio Deus: cuida do teu coração e dos teus pensamentos, pois é de lá que provém as fontes da vida!

Cuidando da sua vida, o diabo chamado narcisista jamais voltará para ela.

Assuma esse compromisso. A partir de hoje, não aceite pouco.

CAPÍTULO 6.

ABANDONANDO DE UMA VEZ POR TODAS O NARCISISTA

Chegamos em um momento importante da sua leitura: o momento de colocar em prática o método para abandonar o narcisista!

Tem um motivo, leitor, para que eu falasse do método só agora no final do livro. Eu fiz isso propositalmente, para que você trabalhasse primeiro seu autoconhecimento, sua identidade, conhecesse a história do narcisismo e tudo que falei até aqui. Fiz isso para que ao chegar no método, você consiga sustentar a sua decisão.

Vamos lá, para o método?!

- **Passo 1:** A primeira coisa que você precisa fazer é contar tudo que está acontecendo para os seus amigos e sua família. Isso é importante para que você tenha ainda mais consciência de que tudo que você está vivendo, não é normal.

  Nesse processo, você terá a oportunidade de ouvir as opiniões dessas pessoas. Se você se afastou de seus amigos e da sua família, é ora de retomar esses contatos.

A partir do momento que você começar a contar isso, você certamente vai se confrontar com as histórias das pessoas que têm relacionamentos saudáveis e entender que tudo que você está vivendo é, de fato, algo problemático. Isso vai te trazer conexão com a realidade.

- **Passo 2:** Você precisa passar entre 15 e 30 dias falando com as pessoas (amigos e família) sobre tudo que se convencer ainda mais de que seu relacionamento com o narcisista é algo que precisa ser abandonado. Faça isso, e vá para o passo 2, que é buscar uma terapia!

Você precisa de um analista ou um psicólogo para mergulhar em tudo aquilo que você quer daqui para a frente. Quando você tomar a decisão de abandonar o narcisista, você vai precisar estar com a sua identidade muito bem construída, afinal, durante o processo de abandono o narcisista vai fazer o possível para te convencer de que a sua decisão é errada.

Você vai precisar de um ponto de apoio e de muita certeza, e para isso a terapia será fundamental.

- **Passo 3:** Depois de pelo menos mais 30 dias de terapia, você vai entrar no terceiro passo, que é o abandono, de fato.

Pegue suas coisas e vá embora. Não precisa tentar conversar com o narcisista para explicar que está indo embora, porque quando fizer isso, ele (a) provavelmente vai te convencer a mudar de ideia. Então, leitor, seja firme!

Você sabe que já tentou conversar por muito tempo com essa pessoa, e não resolveu nada. E não vai resolver, você sabe disso. Os contatos com seus amigos e sua família que você retomou lá no passo 1 serão extremamente importantes agora. Isso porque você acabou de sair de um relacionamento com um narcisista, o que significa que você ainda é dependente emocional e precisa de pessoas que gostam de verdade de você, para te dar amor e carinho, mas mais do que isso, que te "segure" para não voltar atrás. Lembre-se, leitor: você não vai dar satisfação sobre nada, você vai simplesmente ir embora.

- **Passo 4:** Esse passo acontece junto com o passo anterior, porque você precisa fazê-lo imediatamente ao abandonar o narcisista: você vai excluir e bloquear qualquer tipo de acesso a essa pessoa.

  Contato zero. Delete das redes sociais e de tudo que possa te colocar em contato com o narcisista que você acabou de abandonar. Isso é fundamental, leitor, para que o abandono dê certo.

  A própria neurociência explica que, quimicamente, demoramos cerca de 7 dias para que a abstinência a qualquer vício comece a passar, e como já vimos antes, o narcisista age como droga em sua vida, te deixando viciado (a). Por isso, resista a abstinência de vê-lo, ouvi-lo, e mesmo de saber sobre a sua vida! Contato zero. Vai doer, mas você vai conseguir. Aguente firme.

- **Passo 5:** Lembra, leitor, quando eu disse que a gente nunca consegue mudar um comportamento, mas que podemos criar outros comportamentos que se sobreponham sobre um comportamento ruim? Pois bem, é sobre isso o quinto passo.

  Depois de ter superado a abstinência química e emocional, você vai começar a forjar novos comportamentos (aqueles mesmos que passei nas últimas páginas) para sobrepor o seu comportamento de dependente emocional, que pode fazer você voltar ao narcisista - ou arrumar outro (a).

  Crie um "vício positivo" por algo novo! Você precisa fazer isso para enfraquecer e sobrepor seu comportamento e seu vício pelo narcisista.

Eu te garanto uma coisa: em 6 meses tudo isso que aconteceu será apenas uma lembrança ruim. Digo mais: em apenas 90 dias a sua mente já vai se abrir e você vai enxergar tudo que estava vivendo.

Esse método vai te abrir para a razão, leitor. E eu vou ser muito sincero: você vai sofrer. Você vai chorar, vai precisar de terapia, de médicos, e talvez até mesmo de remédios para depressão e ansiedade. Infelizmente, isso tudo faz parte do processo. Mesmo que você não queira fazer tudo isso, e nem mesmo abandonar o narcisista, você sabe que precisa.

Chegou a hora. Abandone o narcisista e comece uma vida nova!

BÔNUS: DICAS PARA PASSAR POR ESSE MOMENTO:

Abandonar um relacionamento narcisista pode ser uma jornada desafiadora, mas também libertadora. Como psicanalista, reconheço a complexidade dessas situações e o impacto profundo que têm na vida emocional e psicológica de uma pessoa. Aqui estão algumas dicas para ajudar alguém a abandonar um relacionamento narcisista e nunca mais voltar para ele:

1. **Reconheça os padrões de comportamento:** O primeiro passo para deixar um relacionamento narcisista é reconhecer os padrões de comportamento do parceiro. Isso pode incluir manipulação emocional, falta de empatia, necessidade constante de atenção e validação, entre outros comportamentos característicos do narcisismo.

2. **Aceite a realidade:** Aceitar que o parceiro é narcisista e que o relacionamento é prejudicial é fundamental para iniciar o processo de separação. Isso pode envolver confrontar a idealização do parceiro e reconhecer os danos causados pelo relacionamento na própria saúde emocional e bem-estar.

3. **Estabeleça limites claros:** Definir limites claros é essencial ao lidar com um narcisista. Isso inclui comunicar de forma assertiva as próprias necessidades, estabelecer regras para o comportamento aceitável e não aceitável e estar preparado para impor consequências caso esses limites sejam violados.

4. **Crie uma rede de apoio:** Busque o apoio de amigos, familiares, terapeutas ou grupos de apoio. Ter uma rede de pessoas que ofereçam suporte emocional e encorajamento durante esse processo pode ser fundamental para manter a determinação em abandonar o relacionamento narcisista.

5. **Priorize o autocuidado:** Invista em atividades que promovam o autocuidado e o bem-estar emocional. Isso pode incluir práticas como meditação, exercícios físicos, terapia, hobbies que tragam prazer, entre outros. Cuidar de si mesmo é essencial para se fortalecer emocionalmente durante a separação.

6. **Desconstrua a dependência emocional:** Reconheça e desafie os sentimentos de dependência emocional em relação ao parceiro narcisista. Isso pode envolver trabalhar a autoestima, desenvolver habilidades de autonomia e aprender a validar as próprias emoções sem depender da aprovação do outro.

7. **Evite o contato desnecessário:** Uma vez decidido a deixar o relacionamento, evite contato desnecessário com o parceiro narcisista. Isso pode incluir evitar mensagens de texto, telefonemas ou encontros pessoais que não sejam estritamente necessários. Quanto menos contato, mais fácil será seguir em frente.

8. **Procure ajuda profissional:** Considere buscar a orientação de um psicólogo ou terapeuta especializado em relacionamentos abusivos. Um profissional qualificado pode oferecer suporte emocional, ajudar a desenvolver estratégias para lidar com o término e fornecer ferramentas para reconstruir a vida após o relacionamento narcisista.

9. **Reconstrua sua identidade:** Ao deixar um relacionamento narcisista, é importante reconstruir a própria identidade e recuperar o senso de autonomia e autoestima. Isso pode envolver explorar interesses pessoais, estabelecer novas metas e objetivos, e se reconectar com aspectos de si mesmo que foram suprimidos durante o relacionamento.

10. **Permita-se sentir:** Permita-se sentir todas as emoções que surgirem durante o processo de término e recuperação. É natural sentir tristeza, raiva, culpa ou até mesmo alívio. Aceite essas emoções como parte do processo de cura e esteja aberto a explorá-las e compreendê-las com a ajuda de um profissional, se necessário.

Abandonar um relacionamento narcisista é um passo corajoso em direção à recuperação emocional e ao bem-estar pessoal. Ao seguir essas dicas e buscar apoio adequado, é possível romper com padrões prejudiciais e construir relacionamentos mais saudáveis e gratificantes no futuro. Lembre-se sempre de que você merece ser amado e respeitado de maneira genuína.

CAPÍTULO 7.

A VIDA APÓS O NARCISISMO

Se você chegou até aqui é porque certamente você conseguiu abandonar o narcisista. Se esse é o seu caso, já te parabenizo! Você conseguiu, receba os meus parabéns do tamanho do mundo!

Mas atenção: logo aviso que você vai querer voltar nessa relação.

Eu sei disso porque é assim que funciona uma relação com narcisista: sem estar ao lado do narcisista, você não vai se sentir bem. Isso acontece porque a raiz do narcisista é a carência, e a do dependente emocional também. Quando os dois se encontram, há uma explosão de dopamina no seu cérebro, e você passa a viver dependendo disso, o que explica os altos e baixos após a saída.

O relacionamento com um narcisista é voltado para uma ausência de paz, porque ora ele te deixa extremamente no "alto", proporcionando coisas e momentos incríveis, ora te deixa no mais "baixo" que pode estar, te proporcionando seus piores momentos. E isso, por incrível que pareça, vicia. Viver esse movimento é altamente dopaminérgico, uma vez que você prova a sensação de sair do fundo do poço e alcançar o céu.

Tudo isso acontece por um motivo que já falei aqui: o narcisista gosta de movimento! Mas cuidado: esse movimento esconde duas coisas gravíssimas, que certamente é o que te fez entrar na relação com narcisistas, a ansiedade e a depressão.

Quando você se acostuma a altos graus de dopamina, viverá uma busca incessante que nunca terá fim. Dessa forma, ficar sem o narcisista é viver o tédio, o marasmo de uma rotina sem grandes acontecimentos. E isso desespera as pessoas, que estão acostumadas a falar, viver e respirar a confusão que eles geram. Nesse cenário, todos os meus pacientes, ao abandonar, apresentam logo em seguida altos graus de ansiedade e depressão.

A ansiedade é a busca por algo que você nem sabe o que é. Você quer preencher um vazio, e fica buscando algo sempre no futuro. Mas essa busca frustrada acaba se tornando, com os anos, uma frustração que te leva ao passado. Por isso, leitor, digo com tranquilidade: quase todas as pessoas que já se envolveram com um narcisista estão com depressão ou com ansiedade.

Abaixo, mostrarei a você um teste que uso na minha clínica para saber se a pessoa está com depressão ou ansiedade, mas antes quero que você entenda bem o conceito e a definição desses dois males, considerados os maiores deste século. E farei isso em vídeo:

Gostou do que ouviu? Compreendeu bem o conceito? Então, agora eu vou te ajudar a fazer uma auto análise para que você mesmo (a) entenda e saiba se está passando por isso. Vamos lá: pense sobre esses questionamentos;

1. - Como está a sua libido? Você tem conseguido fazer coisas que você gosta, e elas te dão prazer? Ou será que você está querendo se isolar e não ter que vivenciar nada com ninguém? Se você estiver querendo se isolar, ponto para a depressão e ansiedade.

2. - Como está o seu sono? Está alterado? Você está dormindo demais? Ou menos do que deveria? Independente se você está dormindo muito ou pouco, a partir do momento que você vê seu sono alterado, marque mais um ponto para a depressão e ansiedade;

3. - Como está sua alimentação? Ganhou peso ou perdeu muito peso ultimamente? Você tem comido mais ou menos do que deveria? Se sim para mais ou para menos, mais um ponto para a depressão e ansiedade...

4. - Como estão seus planos para o futuro? Você consegue olhar para a frente e se sentir disposto para construir algo? Para construir um futuro? Se não, ponto para depressão e ansiedade!

Se você pontuar em pelo menos dois itens, eu te indico fortemente que vá a uma terapia e até mesmo a um psiquiatra, porque a depressão e a ansiedade são coisas sérias. Se você acabou de sair de um relacionamento com um narcisista, tudo isso pode se evidenciar ainda mais, e por isso eu reforço: procure um especialista. Ele vai te receitar remédios que vão te ajudar.

Aqui faço um adendo para a necessidade do autocuidado: falei aqui do psiquiatra porque realmente é necessário que você faça o tratamento adequado e tome remédios, se precisar... Mas o autocuidado vai muito além disso. Você acabou de sair de um relacionamento com um narcisista e eu sei que está ferido (a), por isso precisa se cuidar.

A vida após narcisismo é difícil, principalmente porque ter paz não é tão fácil assim. Como bônus, quero que você assista ao vídeo abaixo. Foque nele, ouça os conselhos e siga. Você vai conseguir.

Lembre-se, leitor: você não vai conseguir atrair pessoas boas para o seu lado, se você não estiver bem consigo mesmo (a).

COMO NÃO VOLTAR A UMA RELAÇÃO NARCISISTA

Você vai cair de novo nas mãos de um narcisista.

Eu sei, isso era tudo que você não queria ler! Mas eu preciso ser sincero, sobretudo agora que chegamos quase ao final deste livro e você já abandonou o narcisista (ou se ainda não fez isso, vai fazer em breve porque já tem todos os artifícios para isso).

Vou te explicar o que acontece: lembra quando falamos sobre identidade? Pois a sua identidade faz com que você busque pessoas assim. Sua identidade e sua carência fazem com que você tenha tendência a se relacionar com narcisistas.

E agora te digo: o problema não é o narcisista, mas sim você. Você que não tem segurança em você mesmo.

E aí é claro que se você não tem segurança em você mesmo, você vai buscar alguém que te dê segurança.

Afinal, leitor, desculpe te dizer... Mas isso vai ser sempre assim porque o seu padrão mental já está formado. Você não vai mudar esse comportamento, e também falamos sobre isso.

Então, quero te dar cinco lições básicas para nunca mais voltar para o narcisista:

Claro, vamos abordar esse tema importante com uma lente psicanalítica. Relacionamentos com narcisistas podem ser incrivelmente desafiadores e prejudiciais para o bem-estar emocional e psicológico de alguém. Aqui estão cinco dicas fundamentais para evitar cair nas armadilhas desse tipo de relacionamento:

1. **Conheça a si mesmo e seus padrões de relacionamento**: antes de tudo, é crucial desenvolver um profundo entendimento de si mesmo e de seus padrões de relacionamento. A psicanálise nos ensina que muitas vezes repetimos padrões inconscientes em nossos relacionamentos, muitas vezes baseados em experiências passadas, especialmente aquelas da infância. Portanto, é importante explorar suas próprias experiências, traumas e padrões de apego. Isso pode envolver a busca de terapia psicanalítica para investigar esses aspectos mais profundos do self. Ao entender seus próprios padrões, você estará mais equipado para reconhecer sinais de alerta de um relacionamento tóxico com um narcisista.

2. **Esteja atento aos sinais de alerta:** os narcisistas muitas vezes exibem uma série de comportamentos que podem ser indicativos de um relacionamento tóxico. Isso inclui uma falta de empatia, manipulação, controle, necessidade constante de atenção e admiração, e uma tendência a desvalorizar os outros para se sentirem superiores. Além disso, eles podem alternar entre idealização e desvalorização, levando a uma montanha-russa emocional para o parceiro. Ao estar atento a esses sinais de alerta, você pode identificar um narcisista em potencial e tomar medidas para proteger sua própria saúde emocional.

3. **Estabeleça limites saudáveis:** um dos aspectos mais desafiadores de lidar com um narcisista é a tendência deles em violar os limites pessoais dos outros. É crucial estabelecer e manter limites saudáveis em um relacionamento. Isso envolve comunicar claramente suas necessidades e expectativas e estar disposto a defender esses limites, mesmo quando confrontado com resistência ou manipulação por parte do narcisista. A psicanálise nos ensina que a manutenção de limites adequados é essencial para preservar o self e evitar a absorção nas demandas do outro.

4. **Cultive sua autoestima e autonomia:** os narcisistas muitas vezes buscam dominar e controlar seus parceiros, minando sua autoestima e senso de autonomia. Portanto, é vital cultivar uma forte autoestima e um senso saudável de autonomia. Isso pode envolver o desenvolvimento de interesses próprios, hobbies e redes de apoio fora do relacionamento. Além disso, é importante reconhecer e internalizar seu próprio valor como pessoa independente das opiniões ou validação de um parceiro narcisista. A psicanálise destaca a importância de uma identidade sólida e uma relação positiva consigo mesmo como base para relacionamentos saudáveis.

5. **Procure apoio terapêutico:** por fim, quando se encontrar em um relacionamento com um narcisista ou após sair de um, é extremamente benéfico buscar apoio terapêutico. A terapia psicanalítica pode oferecer um espaço seguro e acolhedor para explorar os desafios emocionais e psicológicos associados a esse tipo de relacionamento. Um terapeuta treinado em psicanálise pode ajudá-lo a compreender os padrões inconscientes em jogo, processar experiências passadas e fortalecer sua capacidade de estabelecer relacionamentos saudáveis e gratificantes no futuro.

Evitar cair em relacionamentos tóxicos com narcisistas requer autoconhecimento, vigilância, estabelecimento de limites, fortalecimento da autoestima e busca de apoio terapêutico. Através da aplicação dessas dicas cruciais e da compreensão dos princípios da psicanálise, é possível proteger-se e cultivar relacionamentos mais saudáveis e satisfatórios. Quero que assista ao vídeo abaixo:

Viver uma vida nova não é fácil, mas o que é fácil nessa vida?

Jesus mesmo nos disse *"Na vida tereis aflições. Mas tenham bom ânimo"*. Sabe o que isso significa? Que se o seu padrão mental de comportamento é assim e será sempre assim, é dessa forma que você vai precisar viver. Essa é a sua aflição. Mas tenha bom ânimo! Ou seja, não se deixe levar por isso.

Se você me perguntar como fazer isso, eu te digo que a "receita do bolo" você já tem! Ao se deparar com alguém que tenha todas as características do narcisista que te deixa louco(a) e apaixonado(a); que te promete o mundo e faz de tudo para você acreditar que é a pessoa perfeita para você, fuja! Fuja, porque você sabe que é um narcisista; você sabe que tem uma tendência em cair nas mãos desse tipo de gente, e você não quer isso. Por isso, abra mão desse prazer, tenha bom ânimo e fuja.

Deus te fez para reinar, para dominar o mundo! E você fica sendo dominado(a) por um sentimento de paixão; um sentimento e um desejo que faz com que você se entregue e seja dominado(a). Cuidado: você pode estar negando a glória de Deus em sua vida ao fazer isso.

Você não depende emocionalmente de ninguém! O narcisista é uma ferramenta de Satanás para destruir a glória de Deus em sua vida. Jesus nos deixou um mandamento: amar a Deus sobre todas as coisas. Se você está amando um homem ou uma mulher a mais do que a Deus, isso significa que Satanás está usando você como ferramenta. Cuidado.

Antes de se entregar por amor e paixão a qualquer pessoa, se pergunte: será que essa pessoa está querendo me "salvar"? Te salvar do que, leitor? Quem precisa te salvar de alguma coisa? Desconfie se a pessoa está te prometendo ser um "salvador".

Você é a imagem e semelhança de Deus. Não permita que isso seja deturpado.

"Amar a Deus sobre todas as coisas e ao próximo como a si mesmo". Reflita neste ensinamento de Jesus. Não deixe que o narcisista te desvie disso.

Aqui, estamos finalizando a parte desse livro que fala sobre como abandonar o narcisista. Eu espero, do fundo do meu coração, que ao chegar aqui você já tenha abandonado e esteja vivendo melhor. Se não conseguiu, leia novamente, faça o meu curso, assista aos conteúdos que coloco todos os dias de graça na internet, desidrate, chore, dê murros na parede, chore até perder toda a água do seu corpo, mas não volte para o lugar de onde você teve que orar para sair.

Lembre-se que o que Deus tem para você é muito maior do que o que você tem hoje. Essa vida de miséria, lamento, traição, mentira e manipulação não é a que ele planejou para você. O que ele quer é que você tenha uma vida plena, de abundância, na qual seu relacionamento sirva para a honra e glória Dele.

E não, ele não está onde há mentira. Deus não habita onde há traição, manipulação, abuso ou qualquer tipo de coisa que vá contra os valores que ele defende. Quer saber se a pessoa que está com você veio de Deus? Então compare com o que está escrito e foi dito pelo próprio Deus, na Bíblia sagrada.

O trecho da Bíblia que menciona os frutos da carne e os frutos do Espírito está presente na Epístola de Paulo aos Gálatas, capítulo 5, versículos 16-26. Vou transcrevê-lo e, em seguida, analisaremos sua aplicação sob a ótica de como uma pessoa ou situação boa em nossa vida pode representar os frutos do Espírito:

"16. Digo, porém: Andai em Espírito, e não cumprireis a concupiscência da carne.

17. Porque a carne cobiça contra o Espírito, e o Espírito contra a carne; e estes opõem-se um ao outro, para que não façais o que quereis.

18. Mas, se sois guiados pelo Espírito, não estais debaixo da lei.

19. Porque as obras da carne são manifestas, as quais são: adultério, prostituição, impureza, lascívia,

20. Idolatria, feitiçarias, inimizades, porfias, emulações, iras, pelejas, dissensões, heresias,

21. Invejas, homicídios, bebedices, glutonarias, e coisas semelhantes a estas, acerca das quais vos declaro, como já antes vos disse, que os que cometem tais coisas não herdarão o Reino de Deus.

22. Mas o fruto do Espírito é: amor, alegria, paz, longanimidade, benignidade, bondade, fé, mansidão, temperança.

23. Contra estas coisas não há lei.

24. E os que são de Cristo crucificaram a carne com as suas paixões e concupiscências.

25. Se vivemos em Espírito, andemos também em Espírito.

26. Não sejamos cobiçosos de vanglórias, irritando-nos uns aos outros, invejando-nos uns aos outros."

Agora, vamos analisar sob a ótica de como uma pessoa ou situação boa em nossa vida pode representar os frutos do Espírito:

1. **Amor:** Quando alguém nos ama, nos apoia, compreende e demonstra cuidado genuíno por nós, isso reflete o amor presente nos frutos do Espírito. Esse amor é desinteressado e busca o bem-estar do outro.

2. **Alegria:** Situações ou pessoas que nos trazem alegria genuína e contentamento interior representam a presença da alegria nos frutos do Espírito. Essa alegria transcende as circunstâncias externas e é uma fonte de força interior.

3. **Paz:** Relacionamentos harmoniosos e momentos de tranquilidade e serenidade representam a paz que está presente nos frutos do Espírito. Essa paz é mais do que a ausência de conflito; é um estado de equilíbrio interior.

4. **Longanimidade:** A capacidade de ser paciente e tolerante com os outros, mesmo diante de desafios e adversidades, reflete a longanimidade presente nos frutos do Espírito. É uma qualidade que promove a compreensão e a aceitação.

5. **Benignidade e bondade:** Gestos de bondade e gentileza demonstrados por outras pessoas em nossas vidas refletem a benignidade e a bondade presentes nos frutos do Espírito. Essas ações são motivadas pelo desejo sincero de fazer o bem ao próximo.

6. **Fé:** Quando confiamos em algo maior do que nós mesmos e mantemos a fé mesmo diante das dificuldades, estamos manifestando a fé presente nos frutos do Espírito. Essa fé nos dá esperança e fortalece nossa resiliência.

7. **Mansidão:** A capacidade de ser humilde, gentil e paciente em nossas interações com os outros representa a mansidão presente nos frutos do Espírito. É uma qualidade que promove a harmonia e a paz nos relacionamentos.

8. **Temperança:** O equilíbrio e a moderação em nossas ações e emoções refletem a temperança presente nos frutos do Espírito. Essa qualidade nos ajuda a exercer controle sobre nossos impulsos e a agir com sabedoria.

Ao aplicar esses conceitos à nossa vida diária, podemos reconhecer e valorizar os relacionamentos e situações que manifestam os frutos do Espírito, contribuindo para nosso bem-estar emocional, espiritual e social. O narcisista proporciona isso? Não! Então, pela autoridade bíblica que acabamos de ler, eu sou a própria voz de Deus dizendo a você:

Com narcisista não se negocia, narcisista de ABANDONA!

CAPÍTULO 8.

AS TERAPIAS COMO REFORÇO AO EGOÍSMO E AO NARCISISMO HUMANO: UMA CRÍTICA À PSICANÁLISE E ÀS TERAPIAS MODERNAS

Agora, começarei uma análise crítica das terapias modernas, independentemente das suas abordagens, mas procurarei focar mais na analítica, que é a minha base.

Embora eu não use apenas a psicanálise nos meus atendimentos, quero refletir com você, que está fazendo terapia ou buscando fazer, sobre a importância de se buscar um bom profissional, pautado em princípios que vão além da abordagem X ou Y. Aqui, sei que vou irritar muitos colegas de profissão, mas o que digo a eles é: o que isso representa para você? Por que a profissão deve ser algo tão inquestionável em sua vida? Por que a psicanálise ou qualquer outra abordagem se tornou o seu deus e única fonte de verdade para explicar a complexa dinâmica da existência?

Entendedores entenderão. E Freud explicaria...

O meu ponto, aqui, é fazer com que você entenda um ponto a mais sobre a complexidade da vida humana. O que direi também não terá peso de decreto ou de finalização de qualquer discussão, mas sim o de levantar ainda mais questões em um mundo tomado pelo desejo da lacração.

O ser humano e a existência em si é muito mais complexa do que a leitura de todos os livros de Freud, Jung, Bion ou qualquer outro pensador que surgiu após ou antes deles. Hoje, para o exercício do tratar da mente humana, o profissional terapeuta precisa (e vejo isso como obrigatório) entender da existência como um todo.

O terapeuta do século XXI precisa ler e saber de tudo: sociologia, filosofia, teologia, antropologia, psiquiatria, neurociência, psicologia, psicanálise... e passaríamos horas aqui citando campos da ciência humana (ou não) que ele precisa conhecer.

Porque o ser humano é muito mais complexo que uma teoria. O nascimento de apenas um bebê pode quebrar todas as teorias juntas. E é isso que precisamos entender.

A psicanálise ou qualquer outra ciência não é a verdade!

Hoje em dia, muito se fala que todos deveriam fazer terapia. Será?

Claro, seria loucura da minha parte, como psicanalista, pregar contra isso. Eu acredito profundamente que a terapia é um dos grandes caminhos para a busca do autoconhecimento, o que, por si só, pode libertar o ser humano de travas que o impedem de evoluir na vida.

Assim, nesse capítulo, quero convidar você para uma reflexão profunda sobre o papel das terapias, dos profissionais de saúde mental e, sobretudo, da formação dos cursos que trabalham o tema. Será que eles são mesmo voltados para o bem-estar do ser humano?

Vivemos hoje um culto à realização do próprio desejo? O ser humano como centro do universo é reforçado nas terapias atuais? Até que ponto a ideia de "seja feliz sem se preocupar com o que vão dizer ou pensar" reforça o narcisismo e o egoísmo em uma sociedade cada vez mais individualista, solitária, depressiva e ansiosa?

É sobre essas questões que vamos falar aqui.

Quero começar a refletir sobre isso falando do egoísmo. No final desse capítulo você terá condições de compreender a minha tese principal: uma terapia mal feita vai te tornar um ser humano narcisista, egoísta e cheio de si mesmo, mas vazio do que mais importa e que trouxe a nossa espécie até aqui: o senso de coletividade. Com o tempo, você se verá trancado em seu quarto, assistindo a séries, adorando a própria companhia, morrendo sozinho e aos poucos, feliz por ter encontrado a falsa sensação de paz interior.

Mas antes, precisamos mergulhar no tempo e ir até pontos da história que nos levaram ao estado atual.

Na filosofia, um impulso intelectual se inicia na Grécia Antiga, onde o hedonista Epicuro, no século IV a.C., desenha os primeiros contornos da filosofia egoísta. Este período, rico em questionamentos existenciais, deu à luz a concepções que transcendem eras, moldando a compreensão do indivíduo em relação a si mesmo e à sociedade.

Epicuro postulou que a busca do prazer pessoal era o alicerce supremo da existência. Em seus ensinamentos, ele propôs que o indivíduo, ao perseguir sua própria felicidade, estava, na verdade, contribuindo para a harmonia do coletivo. O epicentro de seu pensamento é a convicção de que a felicidade intrínseca resultaria em um bem-estar coletivo mais amplo.

Ele elaborou uma filosofia hedonista que não se limitava a prazeres efêmeros, mas se estendia a uma busca cuidadosa e contemplativa do contentamento duradouro. Ele delineou a arte de desfrutar a vida, respeitando os limites da razão e evitando excessos. Nesse contexto, a promoção do prazer individual não era apenas uma busca egoísta, mas uma estratégia para alcançar uma forma mais elevada de bem-estar.

Ao defender a priorização do prazer pessoal, Epicuro semeou de forma errada as raízes das teses egoístas que permearam os séculos que se seguiram. Essa filosofia, que pode parecer um culto ao individualismo desenfreado, esconde nuances que desafiam a dicotomia simplista entre o eu e o nós.

As ideias e pensamentos de Epicuro se estenderam por períodos marcantes da história, influenciando indiretamente as correntes filosóficas que exploraram a relação entre o bem pessoal e o bem comum. De Aristóteles a Kant, cada filósofo que seguiu depois, pareceu dialogar, de alguma forma, com a essência das ideias semeadas por Epicuro.

O pensamento epicurista ecoou na ética e na política, de modo que a discussão sobre a relação entre o interesse pessoal e o bem coletivo permanece uma constante. O utilitarismo, por exemplo, muitas vezes herdeiro indireto do hedonismo epicurista, explora a maximização da felicidade como uma busca que, em última análise, começa no indivíduo.

Quando a gente traça origens do egoísmo na Grécia Antiga, somos convidados a mergulhar nas complexidades do pensamento de Epicuro. Sua filosofia, longe de ser uma apologia ao isolamento, apresenta uma visão equilibrada da busca do bem pessoal como uma força que pode contribuir para o bem-estar mais amplo da sociedade. Mas o questionamento que poderíamos fazer hoje seria: essa ideia está corretamente difundida? Ou paramos na ideia de "se está bom pra mim, está ótimo para todos?". De qualquer forma, concordando ou não, vemos as ideias de Epicuro presentes na sociedade de forma distorcida. O isolamento passou a ser necessário, a solidão virou solitude e estar só é a nova forma de saúde mental.

Ninguém mais se preocupa em ceder, consertar ou se alinhar ao outro. Viver só é o novo normal.

"Não gostou? Conteúdo seu!", diriam os terapeutas modernos. "Isso é do outro", completariam. E assim ninguém procura se colocar no lugar do outro para compreender a dor alheia. Foco em mim, na minha dor, na minha existência.

Narcisismo!

Não é de hoje que temos construído uma sociedade cada vez mais egoísta. O grande problema é que, nos últimos séculos, nós decidimos oficializar e ainda tratar isso como algo "intelectual". A falta de egoísmo se tornou, hoje, piegas Quem vive pelo outro virou emocionado, o romantismo se tornou carência e a demonstração de afeto caiu na dependência emocional.

Seguimos no nosso resgate histórico para que você compreenda o porquê estamos assim.

Ao chegarmos no Renascimento e no Iluminismo, eras que acendem as tochas do conhecimento e da razão, também vemos o ressurgimento de uma forma intensificada de individualismo, personificado por pensadores como Thomas Hobbes. Foi uma época em que houve o desenvolvimento de teorias que exploraram os limites do egoísmo humano.

Thomas Hobbes, inglês nascido no século XVII, se destaca como uma forte personalidade que refletiu sobre as implicações do egoísmo humano na ausência de um contrato social. Sua obra "Leviatã" é um tratado filosófico que fala exatamente da visão de Hobbes sobre a natureza humana quando desvinculada de estruturas sociais.

Ele pintou um quadro sombrio e provocador ao introduzir a ideia de uma "guerra de todos contra todos" na condição pré-social. Para ele, o egoísmo inato do ser humano, sem restrições sociais, resultaria em um estado de caos e conflito, em que cada indivíduo, impulsionado por seus próprios interesses, colidiria com outros em busca de poder e recursos.

Quando olhamos para o Iluminismo, muitas vezes celebrado por sua crença no progresso, na razão e na emancipação, vimos que ele também trouxe à tona uma perspectiva sombria sobre a natureza humana. A visão de Hobbes desafiou as narrativas utópicas da época, oferecendo uma análise realista das motivações egoístas que, segundo ele, estão por trás das interações humanas.

Hobbes propôs a ideia de um contrato social como antídoto para a anarquia egoísta. Através desse contrato, os indivíduos abririam mão de parte de sua liberdade natural em favor de uma autoridade soberana. Esse pacto social, visando conter os impulsos egoístas, é um tema que ecoou em filósofos que vieram depois dele, como John Locke e Jean-Jacques Rousseau.

Os conceitos de Hobbes influenciaram teorias políticas e éticas, ajudando a formar a ideia de governos que surgem para controlar os danos causados pelo egoísmo extremo. O equilíbrio entre a liberdade individual e a necessidade de ordem social, se tornou uma questão presente nas discussões políticas e éticas que vieram depois.

Embora Hobbes tenha lançado luz sobre o egoísmo humano, suas ideias também estimularam debates sobre a natureza da sociedade e a relação entre indivíduo e coletivo. Seus escritos, inseridos nas correntes intelectuais do Renascimento e do Iluminismo, moldaram as perspectivas sobre o egoísmo, destacando sua relevância e desafiando as concepções idealizadas do ser humano.

Assim, o Renascimento e o Iluminismo não apenas celebraram o ressurgimento da razão e da liberdade, mas também lançaram uma luz sobre os aspectos menos iluminados da natureza humana.

Hobbes disse que a "guerra de todos contra todos" serve como um aviso sobre o impacto do egoísmo na sociedade, fazendo com que as pessoas pensem sobre como o seu próprio comportamento individual afeta todo o grupo.

Na Era Moderna, Adam Smith se destacou ao falar sobre o individualismo e o progresso. Ele é conhecido como o "pai da economia moderna" e explicou como a busca pessoal pela riqueza impulsiona o progresso de toda a sociedade. No meio dessas ideias, Smith criou a teoria da "economia do egoísmo benevolente".

O pensamento de Adam Smith, presente em sua obra "A Riqueza das Nações", não é apenas uma exposição econômica, mas sim um tratado que ecoa na estrutura da sociedade que está em evolução. Em um momento em que as forças do capitalismo começavam a moldar o tecido social, o pensador se destacou como um arquiteto conceitual que desvendava os mecanismos do auto-interesse e a conexão com o bem-estar coletivo.

Smith disse que a busca pessoal pela riqueza pode impulsionar o progresso social, em vez de dividir a sociedade. Ou seja, ele acreditava que quando as pessoas perseguem seus interesses econômicos, uma "mão invisível" as direciona para o bem de todos. Ele via o auto-interesse como um meio de fortalecer a união social.

Percebe como o nosso estado atual possui raízes mais profundas? Aliás, não se engane: a nossa organização social se sustenta na organização econômica.

Seguimos...

O centro do pensamento dele reside no paradoxo do egoísmo benevolente, uma concepção que desafia noções convencionais sobre o comportamento humano. Ao buscar a própria prosperidade, segundo Smith, os indivíduos contribuem para o florescimento da sociedade, mesmo que isso aconteça involuntariamente.

Esta dualidade de motivações egoístas e resultados benevolentes é uma peça fundamental para a economia moderna.

A análise de Smith se estende na complexidade dos mercados, em que a busca individual de ganho se une com a alocação eficiente de recursos. A autorregulação dos mercados, guiada pelo auto-interesse dos agentes econômicos, é retratada como um mecanismo que pode gerar prosperidade e igualdade na sociedade.

Muita coisa do pensamento de Adam Smith ainda ecoa na economia contemporânea, em que o debate sobre o equilíbrio entre auto-interesse e bem comum permanece constante. Seus princípios continuam a moldar discussões sobre políticas econômicas, regulação estatal e a dinâmica dos sistemas econômicos globais.

Podemos dizer que na Era Moderna, a contribuição de Adam Smith vai além dos limites da teoria econômica. O que ele falou sobre economia do egoísmo benevolente ainda ressoa como algo atemporal, desafiando percepções convencionais e convidando a uma reflexão sobre a relação entre auto-interesse e o bem-estar coletivo.

Em um mundo onde o individualismo e a coletividade convergem, a obra de Smith permanece como inspiradora, que continua a ser interpretada na teoria econômica contemporânea. Sua influência pode ser sentida no modo como vivemos, consumimos e nos relacionamos. Ela está em nossas crenças diárias!

No cenário do século XX, com ideias surgindo em meio ao progresso e à instabilidade, Ayn Rand se destacou como uma importante pensadora, criando o Objetivismo, que é uma filosofia que transformou as noções morais e éticas. Em sua principal obra, "A Revolta de Atlas", ela elevou as teorias sobre egoísmo, questionando e até mesmo influenciando o pensamento da época.

Ayn Rand surge como uma voz que ressoa com mais clareza e seus escritos, impregnados de individualismo e defesa do egoísmo racional, se consolidam em uma filosofia que ela denominou Objetivismo.

"A Revolta de Atlas" é uma epopeia literária que transcende os limites da ficção. Na obra, a autora tece uma narrativa que não apenas conta uma história, mas também expõe os alicerces filosóficos do Objetivismo. A protagonista, a visionária individualista e empresária, encarna os princípios do egoísmo racional, desafiando normas estabelecidas e abrindo caminho para uma nova compreensão da busca pessoal pela excelência.

O Objetivismo, segundo Rand, propõe que o indivíduo deve buscar seus próprios interesses racionais sem restrições externas. Esta filosofia defende não só a legitimidade, mas a virtude do egoísmo, quando fundamentada em princípios racionais e éticos. Rand destaca a importância da razão, da individualidade e do livre mercado como pilares que sustentam a autonomia e a busca da felicidade.

"A Revolta de Atlas" se tornou um farol para muitos, atraindo os que buscavam uma justificativa intelectual para a busca de interesses pessoais. Rand eleva o egoísmo a uma filosofia que transcende o hedonismo, posicionando-o como um guia para a realização individual e a construção de um mundo fundamentado na autonomia.

O Objetivismo de Ayn Rand deixou uma marca indelével no cenário filosófico, influenciando pensadores, empreendedores e defensores da liberdade individual.

O ser humano como centro do mundo estava criando raízes cada vez mais profundas em todos os campos da sociedade.

Assim, na encruzilhada do século XX, o Objetivismo se torna como um desafio filosófico que continua a ressoar nos corredores do pensamento contemporâneo. A defesa do egoísmo racional como um farol para a realização individual, continua a provocar reflexões sobre a natureza humana, a ética e o equilíbrio delicado entre a busca pessoal e as responsabilidades sociais.

Nesse contexto, além de Ayn Rand, aparecem pensadores como Nietzsche e Max Stirner, cujas obras transcendem as páginas dos livros, mas se mostram nas manifestações contemporâneas. O individualismo enraizado se manifesta não apenas como ideias abstratas, mas como uma força que molda os tecidos da cultura e da sociedade.

O filósofo alemão Friedrich Nietzsche, no século XIX, apresentou a sua visão do "além-do-homem". Para ele, a superação das normas e valores existentes era essencial para alcançar uma existência plena. Sua crítica à moral tradicional e a sugestão de uma nova interpretação de princípios soam como algo revolucionário, questionando a ideia de altruísmo e defendendo uma ética centrada na busca do indivíduo por sua própria realização.

Max Stirner, contemporâneo de Karl Marx e Friedrich Engels, lançou sua obra "O Único e Sua Propriedade", falando do egoísmo como uma expressão genuína da liberdade. Stirner desafia as noções de moralidade e propriedade, afirmando que o verdadeiro "único" é aquele que se liberta das amarras das convenções sociais. Sua perspectiva radical ecoa como um desafio à autoridade e à submissão às normas que restringem a autonomia individual.

Essas correntes filosóficas impactam na contemporaneidade, moldando os movimentos culturais e sociais. A busca pela autonomia pessoal, muitas vezes em detrimento do coletivo, se desenha nos traços de um individualismo que desafia estruturas estabelecidas. A sociedade atual reflete nuances dessas ideias.

Mas, como toda manifestação filosófica, o egoísmo encontra desafios e críticas. A ênfase na individualidade, por exemplo, pode gerar uma certa fragmentação social e acabar com os alicerces da cooperação e da solidariedade. A história do egoísmo filosófico é um diálogo entre a liberdade individual e as implicações sociais dessa busca.

Por isso, na contemporaneidade, as vozes de Nietzsche, de Stirner e dos outros pensadores ressoam nas escolhas individuais, nas narrativas culturais e na tensão entre autonomia e coletividade. A manifestação atual do egoísmo, herdeira dessas reflexões profundas, desafia a sociedade a questionar e equilibrar a busca pessoal com a responsabilidade compartilhada, numa "dança" entre o único e o coletivo.

No início do século XX, aparece Sigmund Freud. Ele desbravou os territórios inexplorados da mente humana, lançando as bases de uma revolução psicológica conhecida como psicanálise.

Essa disciplina, que se tornou uma bússola na exploração das complexidades do inconsciente, desencadeou um impacto duradouro na compreensão da saúde mental em todo o mundo.

Sigmund Freud, nascido em 1856, iniciou sua jornada intelectual como médico, mas logo encontrou sua paixão na compreensão dos mistérios da mente humana. Em 1899, publicou "A Interpretação dos Sonhos", um marco seminal que marcou o nascimento da psicanálise. Ele propôs a existência de um inconsciente repleto de desejos, impulsos e memórias reprimidas, lançando um desafio ao que era trabalhado como psicologia na época.

Freud delineou uma estrutura tripartida da mente: o ID, o Ego e o Superego. Falamos disso aqui no livro!

Vamos relembrar? O ID é a parte mais primitiva, que representa impulsos e desejos inatos. O Ego atua como mediador entre o ID e a realidade, enquanto o Superego incorpora as normas sociais e morais. Essa estrutura se tornou a base para entender os conflitos psíquicos e os mecanismos de defesa.

Freud introduziu a técnica da livre associação, na qual os pacientes eram encorajados a expressar livremente seus pensamentos, sem censura. A análise dos sonhos também desempenhou um papel crucial, servindo como uma janela para o inconsciente. Esses métodos tornaram-se ferramentas fundamentais para o aprofundamento na psique.

A teoria freudiana destacava a importância da sexualidade na formação da personalidade. O desenvolvimento psicossexual, dividido nos estágios oral, anal e fálico, ofereceu uma lente única para entender as complexidades do desenvolvimento humano e os possíveis pontos de conflito.

A psicanálise enfrentou muitas críticas, muitas vezes acusada de ser excessivamente determinista e focada demais em aspectos sexuais. Mas suas ideias impulsionaram o desenvolvimento de outras correntes psicológicas, como a psicologia humanista e a psicologia cognitiva, por exemplo.

Hoje, sabemos que o impacto da psicanálise na saúde mental é inegável. As contribuições de Freud abriram caminho para abordagens terapêuticas revolucionárias. A psicanálise não apenas forneceu uma base para entender e tratar distúrbios psicológicos, mas também desencadeou uma revolução na forma como a sociedade percebe a mente humana.

A terapia psicanalítica, centrada na relação entre paciente e terapeuta, tornou-se uma ferramenta poderosa na exploração de conflitos inconscientes. O divã, uma peça icônica do consultório freudiano, simboliza o espaço seguro para o paciente explorar as profundezas de sua psique.

Embora tenha evoluído ao longo dos anos, a psicanálise permanece uma influência importante na psicoterapia contemporânea. Abordagens como a psicodinâmica e a psicoterapia psicanalítica mantêm acesa a luz da exploração do inconsciente, adaptando-se às demandas da sociedade moderna.

O legado de Freud perdura não apenas nos consultórios de psicanalistas, mas na maneira como abordamos a saúde mental como um todo, reconhecendo as complexidades subjacentes que moldam nossa experiência psíquica. A psicanálise, como uma odisseia no labirinto da mente, continua a nos inspirar a explorar os territórios inexplorados do ser humano.

Freud era "filho" de um egoísmo em ascensão. Sua vida foi marcada por desafios desde o início. Seu pai era um homem trabalhador, mas a família enfrentava dificuldades financeiras. Freud perdeu dois irmãos na infância, o que impactou profundamente sua visão de vida. Essas experiências dolorosas moldaram seu interesse posterior na psicologia do trauma e do inconsciente.

Freud estudou medicina na Universidade de Viena, mas seu interesse crescente na psicologia levou-o a explorar o campo emergente. Ele começou a desenvolver suas próprias teorias e em 1899, publicou "A Interpretação dos Sonhos", apresentando as bases da psicanálise.

Freud era um ateu declarado, que acreditava que a religião era um fenômeno psicológico e cultural. Em sua obra "O Futuro de uma Ilusão", ele argumentou que a religião era uma tentativa humana de lidar com a angústia diante de um mundo incerto. Essa perspectiva provocativa influenciou discussões sobre a relação entre psicologia e espiritualidade.

Outro ponto importante para destacarmos sobre Freud, é que ele não apenas deu à luz a psicanálise, mas sua influência ultrapassou as fronteiras acadêmicas. Suas ideias sobre a sexualidade, o inconsciente e o papel da mente na formação da personalidade, continuam a ser debatidas e exploradas ainda hoje, em campos como psicologia, literatura, cinema e filosofia.

Apesar de receber muitas críticas, o legado de Freud é indiscutível. Ele abriu novos horizontes para a compreensão da mente humana e influenciou inúmeras disciplinas. Seu impacto nas terapias psicanalíticas e seu papel na desconstrução dos mistérios da mente destacam Freud como uma figura pioneira que desafia as fronteiras do conhecimento.

Mas o que isso tem a ver com o egoísmo? Bem, a psicanálise surge em um mundo tomado pelas teorias do egoísmo sendo cada vez mais defendidas e difundidas. Mais que isso: surge da cabeça de um homem que possuía uma vida dura, com a perda de dois irmãos e que questionava a existência de um ser superior que permitia tudo isso. Daí surge, possivelmente, a ideia de que a religião serve apenas para consolar as mazelas humanas.

Aqui, estou aplicando Freud a Freud. E eu adoro fazer isso.

Longe de ser apenas uma manifestação negativa, o egoísmo, quando entendido dentro de um contexto psicológico, tem sido alvo de análises profundas e aplicação nas terapias modernas, muitas vezes descritas como um "culto ao eu".

As sementes do egoísmo na psicanálise podem ser rastreadas até os primórdios da teoria freudiana. Freud, pioneiro na exploração do inconsciente, destacou o papel central do ego e do ID, partes da psique guiadas por impulsos e desejos. A noção de que o indivíduo busca a satisfação de seus próprios desejos é intrínseca às teorias psicanalíticas.

A teoria do desenvolvimento psicossexual de Freud, especialmente a fase fálica, introduz a ideia do "narcisismo saudável", em que a criança se concentra no próprio corpo e na própria identidade. O egoísmo, nesse contexto, é uma expressão natural do desenvolvimento e, quando equilibrado, contribui para uma autoestima saudável.

A psicologia humanista, representada por Abraham Maslow e Carl Rogers, trouxe uma abordagem mais positiva em relação ao egoísmo. Maslow, com sua pirâmide das necessidades, enfatizou a importância da autorrealização, uma jornada intrínseca de desenvolvimento pessoal. Rogers, por sua vez, destacou a importância da autoestima e aceitação, promovendo um "culto ao eu" que incentiva a autenticidade.

Na psicoterapia moderna, terapeutas frequentemente abordam o egoísmo de maneira funcional. O foco na autenticidade, na busca do próprio propósito e na construção de uma identidade sólida muitas vezes envolve uma valorização do "eu". Terapias cognitivo-comportamentais, por exemplo, frequentemente incentivam a assertividade e a defesa saudável dos interesses pessoais.

Mas, querido leitor, a promoção do "culto ao eu" não está isenta de críticas. Algumas correntes psicológicas questionam se a ênfase excessiva no egoísmo pode levar à falta de empatia e desinteresse pelo coletivo. A busca incessante pelo interesse pessoal, quando desequilibrada, pode resultar em relacionamentos prejudicados e uma visão estreita do mundo.

O que quero que você entenda é que ao longo dos últimos séculos temos sido incentivados a entender cada vez mais do "eu" e da satisfação de prazeres individuais sob a promessa de que, se o indivíduo for feliz através da realização do prazer, a sociedade será mais feliz.

Mas isso é loucura! Na busca pela satisfação de desejos individuais, temos visto pessoas olhando cada vez mais apenas para elas mesmas, ficando mais isoladas e por consequência, ansiosas e depressivas.

Dizer que esse modelo de pensamento deu errado não é uma possibilidade, é um fato! Somente o pensar no todo, no coletivo, no próximo, no outro, em algo acima de si mesmo pode garantir que sejamos minimamente felizes. Quando o todo prospera, nós prosperamos como indivíduos, e não o contrário. Quando vivemos assumidamente pelo outro, ganhamos sentido, um ambiente melhor, acolhimento e, por consequência, mais felicidade.

A complexidade reside na busca de um equilíbrio entre egoísmo e altruísmo. A valorização do "eu" não precisa ser antagônica à consideração pelo "outro".

Muitas terapias modernas buscam cultivar uma compreensão equilibrada do egoísmo funcional, em que o fortalecimento do "eu" coexiste com uma apreciação saudável das relações interpessoais e responsabilidade social.

O egoísmo, dentro da psicanálise e da psicologia moderna, é uma faceta multifacetada e muitas vezes incompreendida. Enquanto algumas terapias celebram o "culto ao eu" como uma jornada de autodescoberta e crescimento, a verdadeira sabedoria reside na capacidade de equilibrar a valorização do "eu" com uma consciência sensível do "nós", nutrindo relações interligadas que enriquecem tanto o indivíduo quanto a comunidade.

Afinal, será que o egoísmo, e cultura do "eu" e todo o contexto que envolve a maioria das terapias que existem hoje, não são como um "incentivo" para que tenhamos cada vez mais pessoas narcisistas?

Você já sabe como se forma o narcisista, e eu te convido, leitor, a pensar sobre isso e sobre os impactos dessas terapias centradas no EU.

O que quero trazer à luz do seu consciente, usando uma expressão bem psicanalítica, é a reflexão sobre o quanto as terapias modernas e profissionais mal preparados têm contribuído com a ideia simplista de que você precisa se colocar em primeiro lugar sempre! E se colocar em primeiro lugar não é o problema, isso é e deve ser cada vez mais saudável, mas a palavra SEMPRE é a que chama a atenção.

Nesse contexto, o que quero preparar você é para o fato de que, hoje, dado às proporções dos cursos de formação de terapeutas, e uso esse termo porque qualquer pessoa parece ser terapeuta nos dias atuais, existe muito "charlatanismo" no meio das terapias. Mais que isso: existe uma espécie de conceituação errônea por parte do que a psicanálise e os conceitos de terapia realmente representam ou deveriam representar para a sociedade.

O que vemos, muitas vezes, é uma evolução do conceito de terapia que, sem se questionar, seguiu o ritmo de desenvolvimento e de pensamento filosófico da economia do pós-guerra. Pensadores, economistas, filósofos, sociólogos, teólogos e outros ativos da sociedade intelectual, sem perceber, caíram nas artimanhas da guerra política e econômica que se seguiu décadas após o fim da segunda-guerra mundial.

Não se engane: a ideia de destruição do modelo familiar e das pessoas realizando desejos desenfreadamente é fruto de uma conceituação e de uma necessidade muito mais política e econômica do que de livres pensadores que realmente acreditavam nessa ideia. De fato, eles realmente criam em tudo o que falavam seria loucura da minha parte refutar as suas colocações, mas o que quero chamar a sua atenção é que a sociedade só seguiu esse caminho porque eles iam ao encontro de tudo aquilo que governos, empresas e a economia mundial defendia seguir. Em um mundo falido, com os países endividados após a guerra, com menos homens, cheio de doenças, com suas principais potência econômicas arrasadas e precisando se reerguer, as ideias do consumo pelo consumo passaram a reinar como nunca.

E as ideias de pensadores como Freud, que defendiam que o desejo deveria ser realizado para que não ficássemos doentes, caíram como uma luva.

O cenário era: de um lado uma economia falida, em ruínas, que só podia ser levantada através do consumo, e não da qualidade ou da apreciação do que era belo. Do outro, pensadores que defendiam a realização do desejo como única e exclusiva fonte de felicidade.

Bingo! A ideia do consumo, da produção em larga escala, da entrega, do consumo como fonte de felicidade é não só disseminada, mas tomada como única e exclusiva fonte de realização, defendida, inclusive, por pensadores renomados.

É então que a sociedade entra, falando de uma forma muito generalista, na onde desconstrução de valores, costumes e, sobretudo, da ideia de coletividade para a realização pessoal. "Eu posso ser tudo o que eu quiser ser", passa a ser uma das frases mais ouvidas e repetidas nos próximos séculos.

Músicas, livros, filmes, arte, política, produtos... tudo passa a trazer para o nosso dia a dia a idea de que "guardar valores é algo careta e ultrapassado". Está com vontade de transar com 15 pessoas? Faça, não reprima o seu ID. Quer mudar o seu corpo e transformá-lo em algo totalmente diferente? Siga o seu coração, só se vive uma vez. Quer abortar, ou nunca ter filhos, ou viver sozinho para sempre sem nunca precisar se dedicar ao outro? Então seja feliz!

Seja feliz! Se te faz feliz, está certo!

Paradoxalmente, a sociedade se afundou na sociedade mais depressiva e ansiosa de toda a história.

Sabe por quê? Porque Freud e todos os que defenderam a realização do desejo como fonte de felicidade estavam errados. No fundo, nem eles sabiam, mas suas ideias só ganharam tamanho eco no mundo por interesses políticos e econômicos. Suas ideias só serviram para enriquecer países, empresas e pessoas, tornando o mundo um lugar onde 99% dos pobres possuem o mesmo poder financeiro de 1% dos ricos.

É isso mesmo: se ajustarmos todo o dinheiro de 99% da população mundial, não teremos a mesma quantia dos 1% mais ricos no mundo. A ideia de consumo, de felicidade atrelada à realização do desejo serviu bem a quem?

Antes que pensem, não, eu não sou socialista, nem comunista, nem qualquer outra caixinha que pensem em me colocar, até porque muitos desses pensadores o eram. Minha ideologia de vida é o ser humano, a sua felicidade e realização através da coletividade e principalmente, da ideia de que existe algo acima de nós, Deus.

Consumo, realização de desejo nunca foi nem será sinônimo de felicidade. Pode ser, com certeza, de alegria, algo momentâneo, passageiro, mas jamais preencherá o vazio que todo ser humano possui. O que Freud e os pensadores da época não previam é que, depois de realizar todos os meus desejos, do que sentirei falta?

A falta, a frustração, o não, a ausência, são necessárias para que possamos sentir desejo e, por consequência, tenhamos sentido na vida, senso de utilidade, busca, ter para onde ir. Nós precisamos desejar e realizar, e continuar desejando. É necessário que ouçamos o "não" bem dado para que consigamos valorizar aquilo que temos em casa. O ser humano é um ser que precisa do "não" para se sentir amado, caso contrário, ele seguirá para a loucura. E não há nada de bom na loucura, nas paixões e realizações de desejo pelo desejo.

Quer ser feliz? Busque a realização dos seus desejos, sim, mas não de todos. Felicidade plena, como dizia Santo Agostinho, está em continuar desejando aquilo que já se possui (claro que essa ideia não agradaria ao capitalismo do pós-guerra). A felicidade plena está em conseguir sentar-se à mesa e apreciar com os olhos da alma a comida que está sendo servida, comê-la com a boca da alma, sentir o cheiro com as narinas do espírito. Presença, toque, cheiro, tudo o que precisamos já está aqui, agora, ao nosso lado.

Felicidade é abrir mão de si mesmo para acompanhar a esposa em um show de uma banda que você não gosta, mas que ela ama, e se realizar quando ver a lágrima nos olhos dela. Ser feliz é ter um filho e ver que ele se esforçou, tirou uma boa nota só pra chegar em casa e gritar: mãe, consegui! Ser feliz não é ter tudo, isso é a receita para a depressão e a ansiedade, mas se sentir grato por tudo aquilo que possui e saber que as demais coisas serão acrescentadas.

Felicidade é estar em paz com Deus, com o dia da sua morte, com os amigos, a família, com a sua própria vida e dedicá-la assumidamente pelo outro.

Para finalizar este livro, vou te deixar alguns conselhos baseados em Salomão e em Jesus de Nazaré, para que você possa encontrar a felicidade no SER e não no TER ou REALIZAR.

Salomão, o sábio rei de Israel, aconselhou sobre a importância da sabedoria e da prudência em todas as áreas da vida. Ele destacou a necessidade de buscar o conhecimento e a compreensão em vez de confiar apenas na própria inteligência. "O temor do Senhor é o princípio da sabedoria", escreveu ele, enfatizando a importância de ter reverência e respeito pelo divino. Salomão também alertou sobre os perigos da ganância, da inveja e da busca desenfreada por riquezas, lembrando que a verdadeira felicidade não está nas posses materiais, mas na contentamento do coração.

Jesus de Nazaré, o filho de Deus, trouxe uma mensagem revolucionária de amor, compaixão e perdão. Ele ensinou sobre a importância do amor ao próximo, mesmo aos que nos fazem mal, e sobre a prática da humildade e da generosidade. Jesus exortou seus seguidores a não se preocuparem excessivamente com as preocupações materiais da vida, mas a buscarem primeiro o Reino de Deus e sua justiça, confiando que suas necessidades seriam supridas. Ele também ensinou sobre a importância do perdão, tanto para receber quanto para conceder, e sobre a necessidade de viver em harmonia com os outros.

Ao combinar os ensinamentos de Salomão e Jesus, encontramos princípios atemporais para uma vida feliz e satisfatória. Aqui estão alguns conselhos baseados em suas palavras de sabedoria:

1. Busque a sabedoria em todas as áreas da vida, pois ela é mais valiosa do que riquezas materiais.

2. Cultive o temor do Senhor, reconhecendo sua soberania e buscando viver de acordo com seus princípios.

3. Evite a ganância, a inveja e a busca desenfreada por riquezas, pois elas não trazem verdadeira felicidade.

4. Ame ao próximo como a si mesmo, demonstrando compaixão, bondade e respeito por todos, independentemente de suas diferenças.

5. Pratique a humildade, reconhecendo suas próprias limitações e valorizando os outros acima de si mesmo.

6. Seja generoso e compartilhe o que você tem com os necessitados, pois é dando que se recebe.

7. Confie em Deus para suprir todas as suas necessidades, buscando primeiro o Reino de Deus e sua justiça.

8. Perdoe aqueles que te machucam, assim como você deseja ser perdoado, pois o perdão traz liberdade e cura.

9. Viva em harmonia com os outros, buscando resolver conflitos por meio do diálogo e do amor.

10. Cultive uma atitude de gratidão, reconhecendo as bênçãos em sua vida e aprendendo a contentar-se com o que você tem.

Seguir esses conselhos não garante uma vida livre de desafios ou dificuldades, mas pode fornecer um alicerce sólido para enfrentar os altos e baixos com graça e sabedoria. Lembre-se sempre das palavras de Salomão e Jesus ao buscar viver uma vida feliz: "O temor do Senhor é o princípio da sabedoria" e "Ame ao próximo como a si mesmo". Que esses princípios orientem seus passos e o conduzam a uma vida plena de significado, propósito e alegria.

Espero, do fundo do meu coração, que você tenha capacidade, depois de passar por toda a jornada que eu te propus nesta obra, de fazer essa análise a respeito das terapias modernas e, sobretudo, da própria vida. Mas, mais do que isso, eu espero que você tenha capacidade de compreender todo o universo que existe ao redor da sociedade narcísica, e entenda que você pode (e deve) se livrar desse mal. Como dizia Salomão: busque conhecimento.

Não seja a pessoa que vai contar a história de alguém. Assuma o protagonismo e construa a própria história. Não assista a filmes produzidos por terceiros, produza o filme da própria história. Pense, reflita, estude, ore, e refaça tudo mil vezes, mas não viva uma vida sendo controlado por ideias que têm levado o mundo ao caos.

Eu trouxe minha história, trouxe as bases teóricas que te ajudam a identificar um narcisista, trouxe uma análise sobre as terapias modernas e trouxe o mais importante: conhecimento e verdade.

Você tem a verdade em suas mãos, leitor. Agora, abandonar o narcisista e ajudar outras pessoas a fazer o mesmo, é uma tarefa que está em suas mãos.

Assim como eu, desejo no mais profundo dos meus sentimentos, que você consiga abandonar o narcisista, e se abra às glórias de Deus.

Transforme a sua ferida em testemunho de glória!

Deus te abençoe!

editoraletramento
editoraletramento.com.br
editoraletramento
company/grupoeditorialletramento
grupoletramento
contato@editoraletramento.com.br
editoraletramento

editoracasadodireito.com.br
casadodireitoed
casadodireito
casadodireito@editoraletramento.com.br